KB057702

반드시! 다시 출제되는

JLPT
최신기출유형
실전모의고사
N5

Aj Online Test 지음

S 시원스쿨닷컴

JLPT
최신기출^{유형}
실전모의고사
N5

초판 1쇄 발행 2024년 7월 31일

지은이 에이제이온라인테스트
펴낸곳 (주)에스제이더블유인터내셔널
펴낸이 양홍걸 이시원

홈페이지 www.siwonschool.com
주소 서울시 영등포구 영신로 166 시원스쿨
교재 구입 문의 02)2014-8151
고객센터 02)6409-0878

ISBN 979-11-6150-869-6 13730
Number 1-311111-252599-06

기술을 통해, 언어의 장벽을 낮추다, AOT

Aj Online Test(이하, AOT)는 독자 개발 AI 기술과 데이터사이언스 경험을 기반으로 고퀄리티의 일본어 교육 콘텐츠를 온라인을 통해 합리적이고 효율적으로 전 세계 언어 학습자에게 제공하고자 탄생한 에듀테크 스타트업입니다. AOT는 언어 교육이 직면하고 있는 정보의 불평등 이슈에 적극적으로 도전하여, 일상에 만연한 언어 교육의 장벽과 격차를 해소하고자 노력하고 있습니다.

일본어능력시험(JLPT)은 여타 공인 어학 시험과 비교하여 응시 기회가 적고 학습을 위한 기회비용이 큰 탓에 많은 학습자들이 어려움을 겪어 왔습니다. 그 결과 많은 일본어 학습자들 사이에서는 온라인을 통해 편리하고 또 저렴하게 모의시험을 응시할 수 있는 서비스에 대한 요구가 적지 않았습니다. 또한 일본어 교사, 학원 등 일본어 교육 기관에게 있어서도 신뢰할 수 있는 일본어능력시험 대비 모의 문항 및 학습 콘텐츠 개발의 어려움은 학습자들의 요구와 기호에 맞는 다양한 학습 교재의 개발과 응용을 어렵게 하는 원인으로 작용하기도 했습니다.

이러한 문제의식 속에서 AOT는 독자 AI 시스템을 활용하여 과거 일본어능력시험 기출문제 빅데이터를 분석하고 학습하여, 실제 시험과 매우 유사한 내용과 난이도 그리고 형식을 가진 문제를 빠르고 정확하게 작성하는 문항 제작 프로세스를 확립했으며, 이를 통해 대규모 일본어능력시험 문제은행을 구축하여 세계 최초로 풀타임 온라인 모의 일본어능력시험 서비스, 「io JLPT」를 출시하여 많은 일본어 학습자에게 사랑받고 있습니다. 또한 AI 학습자 진단 테스트를 통해, 학습자가 단 12문제를 풀어보는 것만으로도 자신의 실력을 정확하게 진단할 수 있는 「무료 진단 테스트」 그리고 유튜브와 블로그 등 다양한 매체를 통해 JLPT 시험 대비 학습 자료, 듣기 평가, 온라인 강의, 일본 문화 정보 등 일본어 학습자를 위한 다양한 오리지널 콘텐츠도 제공하여 학습자 여러분의 일본어 학습을 서포트하고 있습니다.

AOT는 여러분이 「io JLPT」와 같은 실전과 유사한 모의고사에 응시하는 것을 통해 실제 시험의 형식에 익숙해지는 것뿐만 아니라 실제 언어생활에서 만날 수 있는 많은 실수와 오류를 한발 앞서 범할 수 있기를 바랍니다. 완벽하지 않은 상황 속에서 고민하고 틀려보는 것을 통해 여러분은 한 단계 더 성장할 수 있을 것이며 결국에는 스스로 미지와의 조우에 두려움을 갖지 않게 될 것입니다. AOT는 이러한 학습자 여러분의 일본어 학습의 완성으로 가는 여정에 함께하는 동반자가 되고자 합니다.

Aj Online Test, 「io JLPT」

목차

이 책의 특징

시원스쿨어학연구소

AI 기술과 **빅데이터 분석**을 기반으로 하는
고퀄리티 일본어 교육 콘텐츠 AOT와 일본어능력시험의 최신 경향과 변화를 탐구하고 분석하는
JLPT 전문 연구 조직 **시원스쿨어학연구소**가 만났습니다.

✅ AI 빅데이터 분석

2만 개의 기출 빅데이터를 빠르고 정확하게 분석하여 예상 적중 문제 3회분을 담았습니다.
AI 및 딥러닝 기술에 의한 자동 문항 개발 시스템으로 2010년부터 2024년까지 15년간의 모든 기출 문제를 분석하여
최신 기출 경향에 맞는 양질의 문제를 제공합니다.

✅ 최신 기출 100% 반영

시원스쿨 JLPT 전문 연구진들이 직접 시험에 응시하여 2024년도 기출 문제까지 모두 반영하였습니다. 다양한 실전
문제를 풀면서 최신 출제 유형을 파악하고, 딱 3번의 연습만으로도 실전 대비를 충분히 할 수 있습니다.

✅ 합격, 고득점 그리고 만점

회차가 나아갈수록 조금씩 높아지는 난이도로 구성하였습니다. 1회에서 3회까지 풀어나가면서 자연스럽게 합격에서
고득점, 그리고 만점까지 목표로 하며 학습할 수 있습니다.

✅ 탄탄한 부가 자료

어디서든 간편하게 찍어 바로 들을 수 있는 청해 MP3 QR 코드와 근 15년간 출제된 기출 어휘&문형을 모아둔
시크릿 노트, 더 높은 점수를 획득할 수 있는 고득점 부스터 암기카드 PDF를 제공합니다.
(※연계 유료 강의 제공)

이 책의 100% 활용법

문제집
- 1회분 : 시험 유형을 파악하며 현재 나의 실력 점검하기!
- 2회분 : 시간 배분 트레이닝 하며 고득점 도전하기!
- 3회분 : 최종 점검하며 만점을 목표로 도전하기!

❶ 테스트 전 파이널 체크

실제 시험과 같은 환경에서 응시할 수 있도록 3STEP을 통해 해답 용지와 필기도구, 청해 음성 등 테스트 전 필요한 것을 다시 한 번 점검할 수 있도록 하였습니다.

❷ 청해 MP3 파일로 실전 감각 끌어올리기

청해 MP3 음원으로 실전 감각을 더욱 극대화하여 시험에 대비할 수 있습니다.

❸ 고득점 부스터 암기카드 PDF

합격뿐만 아니라 고득점에 도전할 수 있도록 반드시 알아야 하는 핵심 어휘와 문형을 수록한 고득점 부스터 암기카드를 제공합니다.

❹ N4·N5 기출 어휘 무료 동영상

N4·N5 기출 어휘 1000개를 보다 쉽게 암기할 수 있는 무료 동영상을 제공합니다. 필수 기출 어휘를 언제 어디서든 원하는 곳에서 보고 들으며 문자 어휘부터 청해까지 만점 합격을 노릴 수 있습니다.

학습자들을 위한 특별 부가 자료

청해 MP3 파일

고득점 부스터 암기카드 PDF

위 학습 부가 자료들은 시원스쿨 일본어 홈페이지(japan.siwonschool.com)의 수강신청▶교재/MP3와 학습지원센터▶공부 자료실에서 다운로드할 수 있습니다.

문제 풀이는 실전처럼!

언어지식과 독해에서 문제 풀 때 걸리는 소요시간을 표시해 두었습니다. 시간 내에 모든 문제를 푸는 트레이닝을 하며 실전 감각을 익힐 수 있습니다.

가채점표로 셀프 점검!

다년간의 시험 배점 분석으로 시원스쿨어학연구소가 제시하는 각 영역별 배점표에 따라 시험 후 가채점하고, 현재 실력을 확인하며 합격을 예측할 수 있습니다.

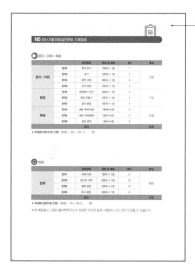

학습자들을 위한 특별 부록

쉿! 시험 직전 기출 시크릿 노트 어휘편 문형편

최신 2024년 7월 시험까지 모두 반영하여 수록하였습니다. 모든 어휘와 문형에 기출 연도를 표시해 두었고, 셀프테스트를 통해 시험 직전에 꺼내어 빠르게 실전에 대비할 수 있도록 서포트합니다.

전략 해설집

합격부터 만점까지 완벽 커버!

최신 기출 어휘는 물론, 2만여 개의 AI 기반 빅
데이터를 바탕으로 출제가 예상되는 최다 빈
출 단어만 뽑아 만점까지 도전할 수 있습니다.

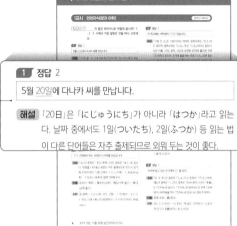

1 정답 2

5월 20일에 다나카 씨를 만납니다.

해설 「20日」은 「にじゅうにち」가 아니라 「はつか」라고 읽는
다. 날짜 중에서도 1일(ついたち), 2일(ふつか) 등 읽는 법
이 다른 단어들은 자주 출제되므로 외워 두는 것이 좋다.

5 정답 3

마에다   "스즈키 씨, 그 스카프 귀엽네요. 어디서 샀어요?"

스즈키   "고맙습니다. 이것은 친구에게 (받았습니다)."

해설 ★もらう: 받다

선택지를 보면 수수동사가 나와 있다. 수수동사 문제를 풀 때
는 항상 조사에 주목하기 바란다. 조사는 수수동사 문제를 풀
때 결정적 힌트가 되므로 우선 다음 문형을 기억해 두자.

「~がくれる」 ~가 (나에게) 주다

문제 핵심 공략 포인트 제시!

문제에 나온 핵심 문법 포인트를 한
번 더 짚어주고, 오답 해설뿐만 아니
라 문제 접근법이 보이는 시원한 공
략TIP을 상세히 제시하여 더욱 쉽게
이해할 수 있습니다.

**정답이 보이는 친절한
문제 풀이 가이드!**

문제를 풀 때 정답의 근거가 되는 부
분을 형광펜으로 표시하여 직관적으
로 한눈에 찾아볼 수 있으며 지문에
사용된 어휘를 나열하여 더욱 효율적
으로 학습할 수 있습니다.

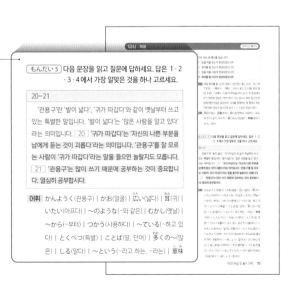

もんだい 5 다음 문장을 읽고 질문에 답하세요. 답은 1·2
·3·4에서 가장 알맞은 것을 하나 고르세요.

20~21

'관용구'란 '발이 넓다', '귀가 따갑다'와 같이 옛날부터 쓰고
있는 특별한 말입니다. '발이 넓다'는 '많은 사람을 알고 있다'
라는 의미입니다. **20** '귀가 따갑다'는 '자신의 나쁜 부분을
남에게 듣는 것이 괴롭다'라는 의미입니다. '관용구'를 잘 모르
는 사람이 '귀가 따갑다'라는 말을 들으면 놀랄지도 모릅니다.
21 '관용구'는 많이 쓰기 때문에 공부하는 것이 중요합니
다. 열심히 공부합시다.

어휘 かんようく(관용구) | かお(얼굴) | 広い(넓다) | 耳(귀) |
いたい(아프다) | ~のような(~와 같은) | むかし(옛날) |
~から(~부터) | つかう(사용하다) | ~ている(~하고 있
다) | とくべつ(특별) | ことば(말, 단어) | 多くの~(많
은) | しる(알다) | ~という(~라고 하는, ~라는) | 意味

⊘ JLPT(日本語能力試験)는 무엇일까요?

일본 국내 및 해외에서 일본어를 모국어로 하지 않는 사람을 대상으로 일본어 능력을 객관적으로 측정하고 인정하는 것을 목적으로 하는 시험입니다. 급수가 없는 JPT와는 달리 JLPT는 N1부터 N5까지 총 다섯 가지 레벨로 나뉘어 있으며 N1이 가장 난이도가 높은 레벨입니다. 시험에 합격하기 위해서는 '득점 구분별 득점'과 '종합 득점' 두 가지의 점수가 필요합니다. 즉 과락 제도가 있으며 '득점 등화'라고 하는 상대 평가의 방식으로 채점이 시행됩니다. 시험은 7월과 12월, 총 연 2회 실시되며, 접수는 각각 4월, 9월부터 진행됩니다.

⊘ N5 출제 유형과 시간 및 득점표

레벨	유형	교시	시간		득점 범위	총점
N5	언어지식 (문자·어휘·문법)	1교시	60분	90분	0~60점	180점
	독해				0~60점	
	청해	2교시	30분		0~60점	

⊘ N5 인정 기준

레벨	유형	인정 기준
N5	언어지식 (문자·어휘·문법) · 독해	히라가나와 가타카나를 비롯하여 일상생활에서 사용되는 기본적인 한자로 쓰여진 정형적인 어구나 문장을 읽고 이해할 수 있다.
	청해	교실, 자기 주변 등의 일상 생활에서 자주 발생하는 장면에서 천천히 이야기하는 짧은 대화라면 필요한 정보를 들을 수 있다.

언어지식(문자·어휘)

문제1 한자 읽기 7문항

출제 유형 : 한자로 쓰인 어휘의 읽는 법을 묻는 문제로, 음독과 훈독으로 올바르게 읽은 것을 고르는 문제가 출제된다.

예 **7** <u>水</u>が　のみたいです。

　　1　みず　　　　　2　すい　　　　　3　みす　　　　　4　ずい

📖 **시원한 공략 TIP!**

앞뒤 문장 상관없이 오로지 밑줄 친 어휘 발음 읽기에 주의하여 문제 풀이 시간을 단축하는 것이 중요하다. 발음이 비슷하거나 촉음, 탁음, 장음 등 헷갈릴 수 있는 발음이 선택지에 등장하니 혼동하지 않도록 주의하자.

문제2 표기 5문항

출제 유형 : 히라가나로 쓰인 어휘를 한자로 어떻게 쓰는지 묻는 문제로, 음독과 훈독의 발음을 한자로 올바르게 쓴 것을 고르는 문제가 출제된다.

예 **9** みちで　せんせいに　<u>あい</u>ました。

　　1　書い　　　　　2　会い　　　　　3　分い　　　　　4　見い

📖 **시원한 공략 TIP!**

밑줄 친 어휘의 앞뒤 문맥을 살펴보고 의미를 생각하여, 히라가나의 발음이 한자로 어떻게 쓰이는지 훈독, 음독의 동음이의어에 주의해야 한다. 또한, 부수가 헷갈릴 수 있는 한자가 선택지에 등장하니 혼동하지 않도록 주의하자. N5에서는 히라가타를 가타카나로 어떻게 쓰는지 묻는 문제도 1문제는 출제되니 가타카나도 암기해 두는 것이 좋다.

문제3 문맥 규정 `6문항`

출제 유형 : 괄호 안에 들어갈 문장과 어울리는 어휘를 고르는 문제가 출제된다.

例 **16** こんしゅうは （　　　） が　たくさん　ふりました。

　　1　ゆき　　　　　2　はれ　　　　　3　そら　　　　　4　くもり

📖 시원한 공략 **TIP!**

문장을 읽고 앞뒤 문맥을 파악하여 괄호 안에 들어갈 힌트가 되는 단어를 찾는 것이 중요하다. 오답 선택지에는 의미가 비슷하거나 서로 반대되는 뜻이 나오기도 하는데, 관용 표현을 알고 있으면 쉽게 정답을 찾을 수 있으니 관용 표현을 정리해 두자.

문제4 유의 표현 `3문항`

출제 유형 : 밑줄 친 어휘나 표현과 가장 의미가 가까운 것을 고르는 문제가 출제된다.

例 **21** いちねんごに　にほんへ　いきます。

　　1　あした　にほんへ　いきます。

　　2　らいねん　にほんへ　いきます。

　　3　おととし　にほんへ　いきます。

　　4　きょねん　にほんへ　いきます。

📖 시원한 공략 **TIP!**

다른 단어나 표현, 의미가 가까운 말이나 유의 표현을 고르면 된다. 선택지에 나오는 문장은 전부 의미가 성립하는 문장이므로 오답 소거가 어렵지만, 가타카나, 부정형을 먼저 체크하고, 공통된 부분을 제외한 다른 부분을 체크하며 문제를 풀면 된다.

언어지식(문법)

문제1 문법형식 판단 `9문항`

출제 유형 : 문장 전체를 읽고, 문맥에 맞춰 괄호 안에 들어갈 알맞은 문형을 고르는 문제가 출제된다.

　　(예) **2** この　りんごは　よっつ　（　　　）　300円です。

　　　　　　1　が　　　　　　　2　と　　　　　　　3　で　　　　　　　4　を

📖 시원한 공략 **TIP!**

문장을 읽고 각 선택지를 괄호 안에 넣어가며 자연스럽게 해석되는 표현을 고른 후, 괄호 앞뒤에 쓰인 문법의 접속 형태를 확인하여, 들어갈 수 있는 선택지를 고르면 된다.

문제2 문장 만들기 `4문항`

출제 유형 : 나열된 단어를 재배열하여 문장을 완성시키고, ＿★＿ 안에 들어갈 알맞은 것을 고르는 문제가 출제된다.

　　(예) **15** きのうは ＿＿＿ ＿＿＿ ＿＿＿ ＿★＿ わすれて　ねて　しまいました。

　　　　　　1　を　　　　　　　2　のを　　　　　　3　しめる　　　　　4　ドア

📖 시원한 공략 **TIP!**

문장을 읽고 앞뒤 문맥을 파악하여, 먼저 문법적으로 확실하게 연결해야 하는 선택지들을 나열하고, 그 후 해석상 자연스럽게 연결되는 표현을 재배열하며 문장을 완성시킨다.

문제3 글의 문법 (4문항)

출제 유형 : 글을 읽고 문장과 문장 사이의 앞뒤 연결이 자연스럽게 연결되는 표현을 찾는 문제가 출제된다.

㉠ つぎは　あまのさんが　「しゅみ」に　ついて　かいた　さくぶんです。

> わたしの　しゅみは　テレビで　ドラマを　[14]　ことです。　とくに　医者や　看護師が　主役の　びょういんの　ドラマが　[15]　すきです。　こどもの　ときから　びょういんの　ドラマが　すきでした。　医者は　びょうきや　けがを　した人を　[16]　。　かっこいいです。　こどもの　ときは　医者に　なりたいと　思いました。　[17]　いまは　医者に　なりたいと　思って　いません。　ドラマを　みるだけで　たのしいです。　医者や　看護師の　人たちは　ほんとうに　すごいと　思います。

1　あまり	2　おなじ
3　いちばん	4　そんなに

📖 시원한 공략 **TIP!**

전체 지문을 읽고, 앞뒤 문장 사이의 빈칸에는 선택지들을 하나씩 넣어 해석하며, 가장 자연스럽게 연결되는 것을 찾으면 된다. 각 빈칸에는 접속사, 부사, 문법, 문장 등 다양하게 나올 수 있으며, 내용의 흐름에 맞춰 가장 적절한 것을 고르면 된다.

문제4 내용 이해(단문) 2문항

출제 유형 : 150~200자 정도의 글을 읽고, 내용을 이해하였는지 묻는 문제가 출제된다. 짧은 설명문이나 지시문, 공지, 문의와 같은 다양한 형식으로 일이나 일상생활 주제의 지문이 출제된다.

㉘ カナさんの 机の 上に メモが あります。

カナさんへ

あしたの かいぎですが、 1時から 3時に かわりました。

1時に みんなで おひる ごはんを たべましょう。

かいぎの じゅんびは 2時から します。

加藤

---

19 加藤さんは なぜ メモを 書きましたか。

1 ご飯を たべる 場所が かわったから

2 かいぎを する 場所が かわったから

3 ご飯を たべる ひとが かわったから

4 かいぎを する 時間が かわったから

📖 시원한 공략 **TIP!**

먼저 질문과 선택지를 읽고, 찾아야 하는 내용이 무엇인지 파악하는 것이 중요하다. 그리고 나서 전체 지문을 읽으며 선택지에서 말하고 있는 내용을 체크하며 풀면 된다. 전체 내용의 흐름을 잘 파악하고 있는지를 묻는 문제가 많이 출제되므로, 지문을 읽으며 '누가 어디서 무엇을 했다'는 식으로 육하원칙에 따라서 내용을 정리해 두면 좋다. 주로 글쓴이가 말하고자 하는 내용은 초반과 후반에 나오며, 반복해서 나오는 키워드는 결정적 힌트이므로 꼭 체크해 두자.

문제5 내용 이해(중문) 2문항

출제 유형 : 300~400자 정도의 글을 읽고, 인과 관계 또는 이유 등을 이해하였는지 묻는 문제가 출제된다. 한 주제의 지문당 3개의 문제를 푸는 문제이다.

예

わたしには 韓国から 来た ともだちが います。 その ともだちの 名前は キム・スンウです。キムさんは 日本語が とても 上手です。

キムさんが あした 韓国へ かえるので、 さよなら パーティーを ひらきました。 パーティーには わたしと キムさんの ともだちが たくさん 来ました。 キムさんは わたしに 「ほんとうに ありがとう」と 言いました。 わたしは とても うれしかったです。 パーティーでは みんなで おいしい りょうりを 食べました。ほんとうに たのしかったです。 あしたは キムさんの 見送りに みんなで くうこうへ 行きます。 とても さびしいです。

21 この 人は 何を しに くうこうへ 行きますか。

1 パーティーの りょうりを つくりに 行きます。

2 パーティーを ひらきに 行きます。

3 キムさんの 見送りに 行きます。

4 おいしい りょうりを 食べに 行きます。

📖 시원한 공략 TIP!

중문은 한 지문당 2문제를 풀어야 하므로, 먼저 질문을 읽고 각각 찾아야 하는 내용이 무엇인지 체크해 두자. 그러고 나서 한 단락씩 나눠 읽으며 핵심이 되는 키워드를 체크하고, 한 단락이 끝났을 때 해당 단락에서 질문의 근거가 나왔는지 확인하며 풀어야 한다. 한 단락을 읽었을 때 문제를 다 풀지 못하였을 경우에는 뒤 단락에서 근거가 나올 수도 있기 때문에 전체 지문을 다 읽고 다시 한번 내용과 선택지를 대조하며 근거가 되는 내용을 좁혀가는 방식으로 풀면 된다.

출제 유형 : 500자 정도의 광고, 팸플릿, 비즈니스 서류, 잡지 등과 같이 정보가 담긴 글 안에서 필요한 정보를 찾을 수 있는지 묻는 문제가 출제된다.

人形　びじゅつかん
にんぎょうを　作って　みましょう

作るもの	11月10日	11月18日	12月3日	12月10日
くまの　人形	○	×	○	○
いぬの　人形	○	×	○	×
うさぎの　人形	○	○	×	×
ねこの　人形	×	○	×	○

● りょうきん：ひとつ　2,000円（くまの　人形は　3,000円です）
● 作った　にんぎょうを　プレゼント　しましょう。
※ プレゼントの　はこは　ひとつ　200円です。

---

28 あまのさんは　12月　3日に　にんぎょう　びじゅつかんに　いきます。　その
日に　作る　ことが　できる　すべての　にんぎょうを　作りたいです。　はこも
ふたつ　ほしいです。　いくら　かかりますか。

1　4,000円

2　4,200円

3　5,000円

4　5,400円

📖 시원한 공략 **TIP!**

먼저 질문을 읽고, 필요한 정보가 무엇인지 확인하여 지문을 전체 다 읽지 않고도 내용을 빠르게 파악해야 한다. 조건과 부합하는 것을 고르는 문제가 많으며, 정보 검색 문제는 표가 나오는 경우가 많고, ※ 표시에 결정적 힌트가 나와 있는 경우가 많으니 표 안의 내용과 ※의 내용을 빠르게 훑는 것이 중요하다.

문제1 과제 이해 [7문항]

출제 유형 : 두 사람의 이야기를 듣고, 대화가 끝난 후 과제 해결에 필요한 정보를 듣고 앞으로 할 일 또는 가장 먼저
어떤 일을 해야 하는지 등을 묻는 문제가 출제된다.

예 八百屋で、男の人と女の人が話しています。女の人は何を買いますか。

F：すみません、このりんごをください。

M：はい、りんごですね。今日は、きゅうりとピーマンが安いですよ。どうですか。

F：そうなんですね。

M：あとは、このトマト、とてもおいしいですよ。

F：そうですか。ピーマンは昨日買ったから、きゅうりと……、あと、トマトが好きなの
でトマトも。

M：ありがとうございます。

女の人は何を買いますか。

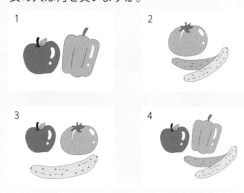

📖 시원한 공략 **TIP!**

음성이 나오기 전에 먼저 빠르게 선택지의 내용을 훑고 중요한 핵심 키워드가 무엇인지 체크해야 한다. 그러고 나서 남자와 여자의 대화를 잘
들으며 내용의 흐름을 파악하고, 대화에 등장하는 상황을 순서대로 정리하면서 풀도록 하자. 또한, 결국 화자가 해야 할 일이 무엇인지 핵심
키워드 내용은 마지막 대사에 나오는 경우가 많으므로 끝까지 놓치지 않도록 주의하자.

문제2 포인트 이해 6문항

출제 유형 : 이야기를 듣고 화자가 말하고자 하는 이유나 문제점의 포인트를 찾을 수 있는지 묻는 문제가 출제된다.

예 女の人と男の人が話しています。女の人の趣味は何ですか。

F：北村さん、このお菓子、食べてみてください。とってもおいしいですよ。

M：わあ、おいしそうなクッキーですね。山田さんが作ったんですか。

F：いいえ、私じゃなくて、母が作りました。

M：では、一つ、いただきます。お母さんはクッキーを作るのが上手ですね。山田さんは
何をするのが好きですか。

F：私は山登りが好きです。休みの日は家族とよく行きます。一人で行くときもあります
よ。

M：そうですか。僕は、本を読むのが好きですが、山登りもしてみたいです。

F：ほんとですか。じゃ今度、私と行きましょう。

女の人の趣味は何ですか。

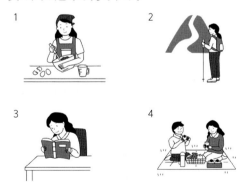

1
2
3
4

📖 시원한 공략 **TIP!**

먼저 빠르게 선택지의 내용을 훑고 중요한 핵심 키워드가 무엇인지 체크해야 한다. 그러고 나서 질문을 듣고 등장인물 간의 대화 또는 한
사람의 이야기 속 근거가 되는 내용을 메모로 적으며 풀도록 하자.

문제3 발화 표현 5문항

출제 유형 : 제시된 그림을 보며, 그림의 화살표가 가리키는 사람이 할 대화로서 가장 적절한 것을 고르는 문제이다.

例 友達の英語の辞書を借りたいです。何と言いますか

M：1 ちょっと借りてもいい？

2 辞書、借りたよ。

3 ちょっと貸していい？

📖 시원한 공략 **TIP!**

일상생활이나, 학교, 회사 등 다양한 장면에서 발화되는 감사, 사과, 위로 등의 인사말과, 의뢰, 권유, 요청, 허가, 허락 등의 표현이 출제된다. 존경어와 겸양어 표현도 자주 출제되니 기억해 두면 좋다.

문제4 즉시 응답 `6문항`

출제 유형 : 출제 유형 : 짧은 질문과 3개의 선택지를 듣고, 대답으로 가장 적절한 것을 고르는 문제이다.

예) F : 今、忙しいですか。

M : 1 はい、今から行きます。

2 はい、とても忙しいです。

3 いいえ、痛いです。

📖 시원한 공략 **TIP!**

짧은 질문이 나왔을 때 어떤 의도로 말하는지 빠르게 캐치하고, 3개 선택지의 대답을 들으며 적절하지 않은 것을 하나씩 제외하며 소거법으로 풀면 된다. 또한 질문에 나오는 발음을 선택지에서도 비슷한 발음으로 들려주거나, 연상되는 대답을 말하며 오답을 유도하기 때문에 함정에 빠지지 않도록 주의하자.

최신 기출 유형
N5 실전문제
제1회

1교시	언어지식(문자·어휘) 20분
1교시	언어지식(문법)·독해 40분
2교시	청해 30분

테스트 전 확인 사항

☐ 해답 용지 준비하셨나요?　　　☐ 연필과 지우개 챙기셨나요?　　　☐ 청해 음성 들을 준비하셨나요?

 제1회 청해 전체 음성 MP3
시원스쿨 일본어 홈페이지
(japan.siwonschool.com)의
수강신청>교재/MP3에서 무료 다운로드

 고득점 부스터 암기카드 PDF
시원스쿨 일본어 홈페이지
(japan.siwonschool.com)의
수강신청>교재/MP3에서 무료 다운로드

시험 시간: 1교시 60분 ｜ 2교시 30분

| 목표 점수: | 점 | | |
| 시작 시간: | 시 | 분 ~ 종료 시간: | 시 　　분 |

N5 최신 기출 유형 실전문제 가채점표

 문자 • 어휘 • 독해

			문제유형	문항 및 배점	점수	총점
문자 • 어휘	문제1		한자 읽기	7문제 × 1점	7	21점
	문제2		표기	5문제 × 1점	5	
	문제3		문맥 규정	6문제 × 1점	6	
	문제4		유의 표현	3문제 × 1점	3	
문법	문제1		문법형식 판단	9문제 × 1점	9	17점
	문제2		문장 만들기	4문제 × 1점	4	
	문제3		글의 문법	4문제 × 1점	4	
독해	문제4		내용 이해(단문)	2문제×6점	12	30점
	문제5		내용 이해(중문)	2문제×6점	12	
	문제6		정보 검색	1문제×6점	6	
합계						68점

★ **득점환산법(120점 만점)** [득점] ÷ 68 × 120 =[   ]점

청해

			문제유형	문항 및 배점	점수	총점
청해	문제1		과제 이해	7문제 × 3점	21	55점
	문제2		포인트 이해	6문제 × 3점	18	
	문제3		발화 표현	5문제 × 2점	10	
	문제4		즉시 응답	6문제 × 1점	6	
합계						55점

★ **득점환산법(60점 만점)** [득점] ÷ 55 × 60=[   ]점

※위 배점표는 시원스쿨어학연구소가 작성한 것으로 실제 시험과는 다소 오차가 있을 수 있습니다.

N5
げんごちしき(もじ・ごい)
(20ぷん)

ちゅうい
Notes

1. しけんが はじまるまで、この もんだいようしを あけない で ください。

   Do not open this question booklet until the test begins.

2. この もんだいようしを もって かえる ことは できません。

   Do not take this question booklet with you after the test.

3. じゅけんばんごうと なまえを したの らんに、じゅけんひ ょうと おなじように かいて ください。

   Write your examinee registration number and name clearly in each box below as written on your test voucher.

4. この もんだいようしは、 ぜんぶで 4ページ あります。

   This question booklet has 4 pages.

5. もんだいには かいとうばんごうの 1、2、3…が あり ます。かいとうは、かいとうようしに ある おなじ ばんご うの ところに マークして ください。

   One of the row numbers 1, 2, 3… is given for each question. Mark your answer in the same row of the answer sheet.

じゅけんばんごう　Examinee Registration Number	
なまえ　Name	

もんだい１　＿＿＿＿の　ことばは　ひらがなで　どう　かきますか。

소요시간
4분

　　　　　　　１・２・３・４から　いちばん　いい　ものを　ひとつ　えらんで　ください。

（れい）　かばんは　つくえの　<u>下</u>に　あります。

　　　　　　　１　ちた　　　　　２　した　　　　　３　ちだ　　　　　４　しだ

（かいとうようし）　｜　れい　｜　① ● ③ ④　｜

---

[1]　ごがつ　<u>二十日に</u>　たなかさんに　あいます。

　　１　はつにち　　　　２　はつか　　　　　３　にじゅっか　　　４　にじゅにち

[2]　あそこに　いるのが　やまださんの　<u>お母さん</u>ですか。

　　１　おとうさん　　　２　おねえさん　　　３　おにいさん　　　４　おかあさん

[3]　「<u>北</u>の　くにから」という　ゆうめいな　ドラマを　みました。

　　１　にし　　　　　　２　きた　　　　　　３　みなみ　　　　　４　ひがし

[4]　この　がっこうには　おんなの　せいとが　<u>百人</u>　います。

　　１　びゃくじん　　　２　ぴゃくじん　　　３　ひゃくにん　　　４　びゃくにん

[5]　いま　<u>祖母</u>が　ジュースを　つくって　います。

　　１　そふ　　　　　　２　そほ　　　　　　３　そうぼ　　　　　４　そぼ

[6]　がいこくに　すんで　いる　ともだちに　<u>手紙</u>を　かいた。

　　１　でがみ　　　　　２　でかみ　　　　　３　てがみ　　　　　４　しゅかみ

[7]　<u>水</u>が　のみたいです。

　　１　みず　　　　　　２　すい　　　　　　３　みす　　　　　　４　ずい

もんだい2 ＿＿＿＿の ことばは ひらがなで どう かきますか。

〈소요시간 6분〉

1・2・3・4から いちばん いい ものを ひとつ えらんで ください。

(れい) わたしの へやには <u>ほん</u>が おおいです。

　　　　　1 山　　　　2 川　　　　3 花　　　　4 本

　　　　　(かいとうようし)　｜ れい ｜ ① ② ③ ● ｜

8　<u>たくしー</u>に のって いきました。

　　1　クタシー　　　2　タクシー　　　3　クタンー　　　4　タクンー

9　みちで せんせいに <u>あい</u>ました。

　　1　書い　　　　2　会い　　　　3　分い　　　　4　見い

10　つかれましたね。すこし <u>やすみ</u>ませんか。

　　1　休み　　　　2　仕み　　　　3　体み　　　　4　伏み

11　やまださんは まいにち <u>しんぶん</u>を よみます。

　　1　新問　　　　2　親聞　　　　3　親問　　　　4　新聞

12　あしたは <u>もくようび</u>です。

　　1　火　　　　2　水　　　　3　木　　　　4　金

もんだい 3　(　　　)に　なにが　はいりますか。
1・2・3・4から　いちばん　いい　ものを　ひとつ　えらんで　ください。

(れい)　あそこで　バスに　(　　　)。

　　　　1　あがりました　　　　　　2　のりました
　　　　3　つきました　　　　　　　4　はいりました

(かいとうようし)　　| れい | ①　●　③　④ |

13　たなかさんが　へやで　ギターを　(　　　　)　います。
　　1　ひいて　　　　2　うたって　　　3　あそんで　　　4　かいて

14　あついので　(　　　)を　あけて　ください
　　1　かど　　　　2　なつ　　　　3　かぜ　　　　4　まど

15　きのうは　10(　　　)　はしりました。
　　1　グラム　　　2　キロ　　　　3　ばん　　　4　ど

16　こんしゅうは　(　　　)が　たくさん　ふりました。
　　1　ゆき　　　2　はれ　　　　3　そら　　　4　くもり

17　わたしの　かぞくは　みんな　せが　(　　　)です。
　　1　うすい　　　2　さむい　　　3　ひくい　　　4　つめたい

18　おとうとは　えを　(　　　)のが　すきです。
　　1　かく　　　2　する　　　　3　とる　　　4　つくる

もんだい4　＿＿＿の　ぶんと　だいたい　おなじ　いみの　ぶんが　あります。

　　　　　1・2・3・4から　いちばん　いい　ものを　ひとつ　えらんで　ください。

（れい）　けさ　しゅくだいを　しました。

　　　　　1　おとといの　あさ　しゅくだいを　しました。

　　　　　2　おとといの　よる　しゅくだいを　しました。

　　　　　3　きょうの　あさ　しゅくだいを　しました。

　　　　　4　きょうの　よる　しゅくだいを　しました。

　　　　（かいとうようし）　| れい | ① ② ● ④ |

19　この　しょうせつは　つまらなかったです。

　　　1　この　しょうせつは　やさしかったです。

　　　2　この　しょうせつは　おもしろくなかったです。

　　　3　この　しょうせつは　ながくなかったです。

　　　4　この　しょうせつは　たのしかったです。

20　いちねんごに　にほんへ　いきます。

　　　1　あした　にほんへ　いきます。

　　　2　らいねん　にほんへ　いきます。

　　　3　おととし　にほんへ　いきます。

　　　4　きょねん　にほんへ　いきます。

21　まいにち　ふくを　せんたくします。

　　　1　まいにち　ふくを　かけます。

　　　2　まいにち　ふくを　だします。

　　　3　まいにち　ふくを　あらいます。

　　　4　まいにち　ふくを　かいます。

N5

げんご ち しき ぶんぽう どっかい
言語知識（文法）・読解
(40ぷん)

ちゅう い
注　意
Notes

1. しけん はじ もんだいようし あ
試験が始まるまで、この問題用紙を開けないでください。
Do not open this question booklet until the test begins.

2. もんだいようし も かえ
この問題用紙を持って帰ることはできません。
Do not take this question booklet with you after the test.

3. じゅけんばんごう らん じゅけんひょう おな
受験番号となまえをしたの欄に、受験票と同じようにかいてくだ
さい。
Write your examinee registration number and name clearly in each
box below as written on your test voucher.

4. もんだいようし ぜん ぶ
この問題用紙は、全部で 12 ページあります。
This question booklet has 12 pages.

5. もんだい かいとうばんごう かいとう かいとう
問題には解答番号の 1 、 2 、 3 … があります。解答は、解答
ようし ばんごう
用紙にあるおなじ番号のところにマークしてください。
One of the row numbers 1 , 2 , 3 … is given for each question. Mark
your answer in the same row of the answer sheet.

じゅけんばんごう 受験番号　Examinee Registration Number	
な まえ 名前　Name	

もんだい1 (　　　)に 何を 入れますか。

〔소요시간 9분〕

　　　1・2・3・4から いちばん いい ものを 一つ えらんで ください。

(れい)　　これ(　　　　) ざっしです。

　　　　　1　に　　　　2　を　　　　3　は　　　　4　や

(かいとうようし)　　| れい | ① ② ● ④ |

1　わたしは えいがは あまり (　　　　)。

　　1　みて います　　2　みました　　3　みません　　4　みます

2　がっこうが おわったら ともだち(　　　) あそびます。

　　1　と　　　　　2　を　　　　　3　に　　　　　4　で

3　このアパートは、静か(　　　　) きれいです。

　　1　も　　　　　2　で　　　　　3　の　　　　　4　が

4　A「ただいま。」

　　B「(　　　　)。 きょうは 早いね。」

　　1　いらっしゃい　　　　　　　2　しつれいします

　　3　おかえりなさい　　　　　　4　おねがいします

5　前田「鈴木さん、　その　スカーフ　かわいいですね。　どこで　かいましたか。」
　　鈴木「ありがとう　ございます。　これは　ともだちに　（　　　　　）。」

　　1　くれました　　　2　あげました　　　3　もらいました　　4　くださいました

6　田村「では、ご家族の　みなさまにも　（　　　　　）　ください。」

　　渡辺「はい、　ありがとう　ございます。」

　　1　うまく　おしらせ　　　　　　　　2　うまく　おつたえ
　　3　よろしく　おしらせ　　　　　　　4　よろしく　おつたえ

7　レポートは　今日（　　　　　）に　だして　ください。

　　1　じゅう　　　　2　なか　　　　　3　ちゅう　　　　4　じゅ

8　この　りんごは　よっつ（　　　　　）　300円です。

　　1　が　　　　　　2　と　　　　　　3　で　　　　　　4　を

9　リー「サラさん、　週末は　いつも　なにを　して　いますか。」

　　サラ「わたしは　（　　　　　）　こうえんで　うんどうを　します。」

　　1　だんだん　　　2　ときどき　　　3　すぐに　　　　4　とても

もんだい2 ___★___ に 入る ものは どれですか。

1・2・3・4から いちばん いい ものを 一つ えらんで ください。

(もんだいれい)

あの _____ _____ _★_ _____ ですか。

1 くるま 　　　2 の 　　　3 だれ 　　　4 は

(こたえかた)

1. ただしい 文を つくります。

> あの _____ _____ _★_ _____ ですか。
>
> 　　1 くるま 　　　4 は 　　　3 だれ 　　　2 の

2. _★_ に 入る ばんごうを くろく ぬります。

(かいとうようし) | れい | ① ② ● ④ |

10 きのうは _____ _____ _____ _★_ わすれて ねて しまいました。

1 を 　　　2 のを 　　　3 しめる 　　　4 ドア

11 もっと かんたん _____ _★_ _____ _____ いいです。

1 に 　　　2 料理 　　　3 が 　　　4 つくれる

12　宮本さん、　土曜日 _____ _____ ★ _____ 行きませんか。

　　1　に　　　　　　2　コンサート　　3　見に　　　　4　を

13　A「田中さんは　何か　スポーツを　して　いますか。」

　　B「学生の　ときは　__★__ _____ _____ _____ サッカーを　して　います。」

　　1　野球を　して　2　が　　　　　　3　いまは　　　4　いました

もんだい3　　14　から　17　に　何を　入れますか。ぶんしょうの　いみを　かんが
えて、1・2・3・4から　いちばん　いい　ものを　一つ　えらんで
ください。

やまださんと　メアリーさんは　あした　じこ　しょうかいを　します。二人は　じこ
しょうかいの　ために　ぶんしょうを　かきました。

(1)やまださんが　かいた　ぶんしょう

はじめまして。　わたしは　山田です。

わたしは　いま　おおさかに　すんで　います。　わたしは　スポーツが　すき
です。　しゅうまつは　よく　こうえんで　サッカーを　します。　14　、　いつ
か　サッカーの　しあいに　出たいです。　みなさんも　わたしと　いっしょに
サッカーを　15　。

(2)メアリーさんが　かいた　ぶんしょう

はじめまして。　わたしは　メアリーです。

アメリカ人です。　いま　16　日本語を　べんきょうしながら、　よるは　レス
トランで　バイトを　して　います。

日本語の　べんきょうは　たのしいですが、　かんじを　17　のが　たいへんで
す。　これからも　日本で　日本語を　べんきょう　したいです。

14

1	でも	2	だから
3	しかし	4	まだ

15

1	しませんか	2	しましたか
3	してみましたか	4	していましたか

16

1	へ	2	で
3	は	4	と

17

1	おしえる	2	つくる
3	かう	4	おぼえる

もんだい４　つぎの　（１）から　（2)の　ぶんしょうを　読んで、　しつもんに　こたえて
ください。　こたえは、　１・２・３・４から　いちばん　いい ものを　一つ
えらんで　ください。

（１）

　月は　よるに　なると　光ります。　月には　いろいろな　かたちが　あります。　月
の　かたちは　まいにち　かわります。　ほそい　月は　「みかづき」、はんぶんの　月
は　「はんげつ」、　まるい　月は　「まんげつ」と　いいます。

18　ただしい　ものは　どれですか。

1　月は　あさに　なると　光ります。

2　はんぶんの　つきは　「はんげつ」です。

3　ほそい　月は　「まんげつ」です。

4　まるい　月は　「みかづき」です。

（2）

　さいきん、　コーヒーを　のむ　人が　おおくなりました。　コーヒーを　のむと　あたまが　すっきりして　きます。

　ですが、　カフェインが　はいって　いる　コーヒーを　たくさん　のむと　からだに　わるいそうです。　コーヒーは　すこしだけ　のみましょう。

19　「コーヒーは　すこしだけ　のみましょう」と　あるが、　なぜ　こう　言いましたか。

　　1　コーヒーを　のむ　人が　おおくなったから
　　2　コーヒーを　のむと　あたまが　すっきりするから
　　3　カフェインは　からだに　わるいから
　　4　カフェインは　からだにも　いいから

もんだい5　つぎの　ぶんしょうを　読んで、　しつもんに　こたえて　ください。　こたえ
は、　1・2・3・4から　いちばん　いい　ものを　一つ　えらんで　ください。

소요시간
8분

　　わたしには　韓国から　来た　ともだちが　います。　その　ともだちの　名前は　キ
ム・スンウです。　キムさんは　日本語が　とても　上手です。

　　キムさんが　あした　韓国へ　かえるので、　「さよなら　パーティー」を　ひらきま
した。パーティーには　わたしと　キムさんの　ともだちが　たくさん　来ました。

　　キムさんは　わたしに　「ほんとうに　ありがとう」と　言いました。　わたしは　と
ても　うれしかったです。　パーティーでは　みんなで　おいしい　りょうりを　食べま
した。ほんとうに　たのしかったです。　あしたは　キムさんの　見送りに　みんなで
くうこうへ　行きます。　とても　さびしいです。

20 どうして　キムさんの　さよなら　パーティーを　ひらきましたか。

1　キムさんが　あした　日本へ　行くから

2　キムさんが　あした　自分の　国へ　かえるから

3　わたしが　あした　韓国へ　行くから

4　パーティーで　おいしい　りょうりを　食べたかったから

21 この　人は　何を　しに　くうこうへ　行きますか。

1　パーティーの　りょうりを　つくりに　行きます。

2　パーティーを　ひらきに　行きます。

3　キムさんの　見送りに　行きます。

4　おいしい　りょうりを　食べに　行きます。

もんだい6　右の　ページを　見て、　下の　しつもんに　こたえて　ください。　こた

<small>소요시간
4분</small>　えは、　1・2・3・4から　いちばん　いい　ものを　一つ　えらんで　くだ

さい。

[22]　あまのさんは　12月　3日に　にんぎょう　びじゅつかんに　いきます。　その

日に　作る　ことが　できる　すべての　にんぎょうを　作りたいです。　はこも

ふたつ　ほしいです。　いくら　かかりますか。

　　1　4,000円

　　2　4,200円

　　3　5,000円

　　4　5,400円

人形 びじゅつかん
にんぎょうを 作って みましょう

作るもの	11月10日	11月18日	12月3日	12月10日
くまの 人形	○	×	○	○
いぬの 人形	○	×	○	×
うさぎの 人形	○	○	×	×
ねこの 人形	×	○	×	○

● りょうきん：ひとつ 2,000円(くまの 人形は 3,000円です)

● 作った にんぎょうを プレゼント しましょう。

　※ プレゼントの はこは ひとつ 200円です。

N5

ちょうかい
聴解

ぷん
(30分)

ちゅう　　い
注　意
Notes

1. 試験が始まるまで、この問題用紙を開けないでください。
   Do not open this question booklet until the test begins.

2. この問題用紙を持って帰ることはできません。
   Do not take this question booklet with you after the test.

3. 受験番号と名前を下の欄に、受験票と同じように書いてください。
   Write your examinee registration number and name clearly in each box below as written on your test voucher.

4. この問題用紙は、全部で 14 ページあります。
   This question booklet has 14 pages.

5. この問題用紙にメモをとってもいいです。
   You may make notes in this question booklet.

じゅけんばんごう 受験番号　Examinee Registration Number	

なまえ 名前　Name	

もんだい 1

　もんだい 1 では、　はじめに　しつもんを　きいて　ください。　それから　はなしを　きいて、　もんだいようしの　1 から 4 の　なかから、　いちばん　いい　ものを　ひとつ　えらんで　ください。

れい

1

2

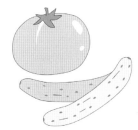

3

4

1ばん

1

2

3

4

2ばん

1

2

3

4

3ばん

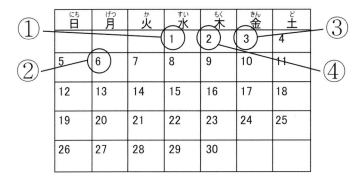

4ばん

1

2

3
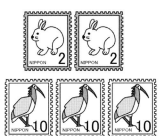

4

5ばん

1

2

3

4

6ばん

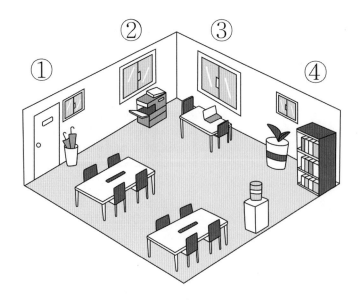

7ばん

1 045−5155−8793

2 045−5155−8794

3 045−5156−8793

4 045−5156−8794

もんだい2

　もんだい2では、　はじめに　しつもんを　きいて　ください。　それから　はなしを　きいて、　もんだいようしの　1から4の　なかから、　いちばん　いい　ものを　ひとつ　えらんで　ください。

れい

1　くるま

2　でんしゃ

3　タクシー

4　バス

1ばん

1

2

3

4

2ばん

1　おてらが　たくさん　ある　ところ

2　さむくて　にぎやかな　ところ

3　おてらが　あって　しずかな　ところ

4　あつくて　しずかな　ところ

3 ばん

1

2

3

4

4 ばん

1

2

3

4

5ばん

1　しょうがくせいの　ときから

2　ちゅうがくせいの　ときから

3　こうこうせいの　ときから

4　だいがくせいの　ときから

6ばん

1　レストラン

2　パンや

3　しょくどう

4　かいしゃ

もんだい3

　もんだい3では、　えを　みながら　しつもんを　きいて　ください。　➡(や
じるし)の　ひとは　なんと　いいますか。　1から3の　なかから、　いちばん
いい　ものを　ひとつ　えらんで　ください。

れい

1 ばん

2 ばん

3ばん

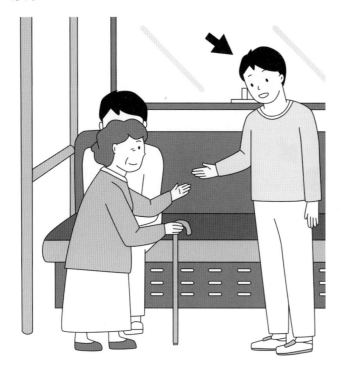

4ばん

5ばん

もんだい 4

　もんだい４では、えなどが　ありません。まず　ぶんを　聞^きいて　ください。それから、そのへんじを　聞^きいて、１から３の　中^{なか}から、いちばん　いい　ものを　一^{ひと}つ　えらんで　ください。

－　メモ　－

최신 기출 유형
N5 실전문제
제2회

1교시	언어지식(문자·어휘) 20분
1교시	언어지식(문법)·독해 40분
2교시	청해 30분

테스트 전 확인 사항

☐ 해답 용지 준비하셨나요?　　☐ 연필과 지우개 챙기셨나요?　　☐ 청해 음성 들을 준비하셨나요?

제1회 청해 전체 음성 MP3
시원스쿨 일본어 홈페이지
(japan.siwonschool.com)의
수강신청>교재/MP3에서 무료 다운로드

고득점 부스터 암기카드 PDF
시원스쿨 일본어 홈페이지
(japan.siwonschool.com)의
수강신청>교재/MP3에서 무료 다운로드

시험 시간: 1교시 60분 ｜ 2교시 30분

목표 점수:	점			
시작 시간:	시	분 ~ 종료 시간:	시	분

문자 • 어휘 • 독해

		문제유형	문항 및 배점	점수	총점
문자 • 어휘	문제1	한자 읽기	7문제 × 1점	7	21점
	문제2	표기	5문제 × 1점	5	
	문제3	문맥 규정	6문제 × 1점	6	
	문제4	유의 표현	3문제 × 1점	3	
문법	문제1	문법형식 판단	9문제 × 1점	9	17점
	문제2	문장 만들기	4문제 × 1점	4	
	문제3	글의 문법	4문제 × 1점	4	
독해	문제4	내용 이해(단문)	2문제×6점	12	30점
	문제5	내용 이해(중문)	2문제×6점	12	
	문제6	정보 검색	1문제×6점	6	
합계					68점

★ **득점환산법(120점 만점)** [득점] ÷ 68 × 120 =[   ]점

🎧 청해

		문제유형	문항 및 배점	점수	총점
청해	문제1	과제 이해	7문제 × 3점	21	55점
	문제2	포인트 이해	6문제 × 3점	18	
	문제3	발화 표현	5문제 × 2점	10	
	문제4	즉시 응답	6문제 × 1점	6	
합계					55점

★ **득점환산법(60점 만점)** [득점] ÷ 55 × 60=[   ]점

※위 배점표는 시원스쿨어학연구소가 작성한 것으로 실제 시험과는 다소 오차가 있을 수 있습니다.

N5

げんごちしき(もじ・ごい)
(20ぷん)

ちゅうい
Notes

1. しけんが　はじまるまで、この　もんだいようしを　あけない
   で　ください。
   Do not open this question booklet until the test begins.

2. この　もんだいようしを　もって　かえる　ことは　できません。
   Do not take this question booklet with you after the test.

3. じゅけんばんごうと　なまえを　したの　らんに、じゅけんひ
   ょうと　おなじように　かいて　ください。
   Write your examinee registration number and name clearly in each
   box below as written on your test voucher.

4. この　もんだいようしは、　ぜんぶで　4ページ　あります。
   This question booklet has 4 pages.

5. もんだいには　かいとうばんごうの　1、2、3…が　あり
   ます。かいとうは、かいとうようしに　ある　おなじ　ばんご
   うの　ところに　マークして　ください。
   One of the row numbers 1, 2, 3… is given for each question. Mark
   your answer in the same row of the answer sheet.

じゅけんばんごう　Examinee Registration Number	
なまえ　Name	

もんだい1 ＿＿＿＿の　ことばは　ひらがなで　どう　かきますか。

［소요시간 4분］

　　　　　　1・2・3・4から　いちばん　いい　ものを　ひとつ　えらんで　ください。

(れい)　かばんは　つくえの　下に　あります。

　　　　　　1　ちた　　　　　2　した　　　　　3　ちだ　　　　　4　しだ

　　　(かいとうようし)　　　｜　れい　｜　① ● ③ ④　｜

1　パーティーに　ひとが　多いです。

　1　おおい　　　　　2　せまい　　　　　3　おおきい　　　　4　ひろい

2　ここで　待って　ください。

　1　たって　　　　　2　きって　　　　　3　まって　　　　4　もって

3　わたしは　目が　いいです。

　1　は　　　　　　　2　くちびる　　　　3　め　　　　　　4　みみ

4　えきを　出て　まっすぐ　すすんで　ください。

　1　だして　　　　　2　だて　　　　　　3　でって　　　　4　でて

5　後で　すこし　はなしましょう。

　1　うしろ　　　　　2　あと　　　　　　3　まえ　　　　　4　よこ

6　うちから　こうえんまで　三分しか　かかりません。

　1　さんぷん　　　　2　さんぶん　　　　3　さっぷん　　　4　さっぶん

7　四月に　ちゅうがくせいに　なります。

　1　よんがつ　　　　2　よげつ　　　　　3　しがつ　　　　4　しげつ

もんだい2 ＿＿＿の ことばは ひらがなで どう かきますか。

（소요시간 6분）

1・2・3・4から いちばん いい ものを ひとつ えらんで ください。

（れい） わたしの へやには ほんが おおいです。

　　　　　　1 山　　　　　2 川　　　　　3 花　　　　　4 本

（かいとうようし）　　　れい　　① ② ③ ●

---

8 かれは ともだちが すくないです。

1 小ない　　　　2 少ない　　　　3 大ない　　　　4 低ない

9 あつくて しゃわーを あびたいです。

1 ツァワー　　　2 シャハー　　　3 シャワー　　　4 シアウー

10 この かみに なまえを かいて ください。

1 名前　　　　2 前名　　　　3 各前　　　　4 前各

11 コーヒーを のみながら おんがくを ききます。

1 耳きます　　　2 聞きます　　　3 目きます　　　4 間きます

12 やまもとさんは えいごが じょうずです。

1 英話　　　　2 英説　　　　3 英許　　　　4 英語

もんだい3　（　　　）に　なにが　はいりますか。

[소요시간 7분]

　　　　　　1・2・3・4から　いちばん　いい　ものを　ひとつ　えらんで　ください。

（れい）　あそこで　バスに　（　　　）。

　　　　1　あがりました　　　　　　　2　のりました

　　　　3　つきました　　　　　　　　4　はいりました

　　　　（かいとうようし）　　| れい | ①　●　③　④ |

13　あかい　ネクタイを　（　　　　）　いるのが　田中さんです。

　　1　して　　　　　　2　はいて　　　　　3　かけて　　　　　4　きて

14　しごとは　（　　　　）　おわりました。

　　1　ちかく　　　　　2　まだ　　　　　　3　もう　　　　　　4　とても

15　へやが　（　　　　）ので、　そうじを　しました。

　　1　くらい　　　　　2　やさしい　　　　3　きたない　　　　4　きれい

16　いもうとは　きのう　スリッパを　に（　　　　）　かいました。

　　1　そく　　　　　　2　ほん　　　　　　3　だい　　　　　　4　はい

17　おわると　パソコンの　でんげんを　（　　　　）　ください。

　　1　つけて　　　　　2　しめて　　　　　3　とじて　　　　　4　けして

18　あさから　なにも　たべて　いないので　おなかが　（　　　　）。

　　1　おぼえました　　2　うまれました　　3　すきました　　4　かかりました

もんだい4 ＿＿＿の ぶんと だいたい おなじ いみの ぶんが あります。

⏱

소요시간 3분

1・2・3・4から いちばん いい ものを ひとつ えらんで ください。

(れい) けさ しゅくだいを しました。

　　　　1 おとといの あさ しゅくだいを しました。

　　　　2 おとといの よる しゅくだいを しました。

　　　　3 きょうの あさ しゅくだいを しました。

　　　　4 きょうの よる しゅくだいを しました。

　　　(かいとうようし)　| れい | ① ② ● ④ |

---

19 きょうの ごごは ひまです。

　　1 きょうの ごごは にぎやかです。

　　2 きょうの ごごは じかんが あります。

　　3 きょうの ごごは しずかです。

　　4 きょうの ごごは いそがしいです。

20 おじは 福岡に すんで います。

　　1 ははの ははは 福岡に すんで います。

　　2 ちちの ははは 福岡に すんで います。

　　3 ちちの あねは 福岡に すんで います。

　　4 ははの おとうとは 福岡に すんで います。

21 これから よるごはんを つくります。

　　1 これから せんたくを します。

　　2 これから かたづけを します。

　　3 これから りょうりを します。

　　4 これから べんきょうを します。

N5

言語知識（文法）・読解

(40ぷん)

注　意

Notes

1. 試験が始まるまで、この問題用紙を開けないでください。
   Do not open this question booklet until the test begins.

2. この問題用紙を持って帰ることはできません。
   Do not take this question booklet with you after the test.

3. 受験番号となまえをしたの欄に、受験票と同じようにかいてください。
   Write your examinee registration number and name clearly in each box below as written on your test voucher.

4. この問題用紙は、全部で 12 ページあります。
   This question booklet has 12 pages.

5. 問題には解答番号の ①、②、③… があります。解答は、解答用紙にあるおなじ番号のところにマークしてください。
   One of the row numbers①, ②, ③… is given for each question. Mark your answer in the same row of the answer sheet.

受験番号　Examinee Registration Number	
名前　Name	

もんだい 1 （　　　）に 何を 入れますか。

소요시간
9분

1・2・3・4から いちばん いい ものを 一つ えらんで ください。

（れい）　これ（　　　）　ざっしです。

　　　　1　に　　　　　2　を　　　　　3　は　　　　　4　や

（かいとうようし）　| れい | ① ② ● ④ |

1　先生「あたらしい りゅうがくせいを しょうかいします。」

　キム「はじめまして、キムです。韓国（　　　）　来ました。」

　1　と　　　　　2　から　　　　　3　は　　　　　4　か

2　まいにち ねる（　　　）　ぎゅうにゅうを のみます。

　1　あとで　　　　2　のまえに　　　3　あとに　　　4　まえに

3　前田「たなかさん（　　　）　うたが じょうずな ひとが いますか。」

　鈴木「いいえ、 ひとりも いません。」

　1　より　　　　　2　だけ　　　　　3　ごろ　　　　　4　も

4　山田「むすこが 昨日から ねつが さがらないんです。」

　渡辺「それは（　　　）ね。」

　1　わるいです　　2　たいへんです　3　いたいです　　4　すみません

5　リー「まっすぐ 行って あの かどを 左（　　　）　まがって ください。」

　山田「はい、 わかりました。」

　1　で　　　　　　2　に　　　　　　3　から　　　　　4　や

6 いつ(　　　) また 会_あえると いいですね。

　　1　か　　　　　2　も　　　　　3　は　　　　　4　に

7 スーパーで バナナ(　　　　) りんごなどを かいました。

　　1　が　　　　　2　も　　　　　3　や　　　　　4　は

8 小田_{お だ}「山田_{やまだ}さん、 その しごとは いつ おわりますか。」

　　山田_{やまだ}「そうですね。 3時_じ(　　　　) おわると 思_{おも}いますが。」

　　1　まで　　　　2　までは　　　　3　までには　　4　までにも

9 キム「山田_{やまだ}さんは なにを たべますか。」

　　山田「わたしは (　　　　) パスタに します。」

　　1　こちら　　　　2　あの　　　　3　それは　　　　4　この

もんだい 2　　＿★＿　に　入る　ものは　どれですか。

所要時間
4分

　　　　　　1・2・3・4から　いちばん　いい　ものを　一つ　えらんで　ください。

(もんだいれい)

　　あの　＿＿＿　＿＿＿　＿★＿　＿＿＿　ですか。

　1　くるま　　　　　　2　の　　　　　　3　だれ　　　　　　4　は

(こたえかた)

1. ただしい　文を　つくります。

> あの　＿＿＿　＿＿＿　＿★＿　＿＿＿　ですか。
>
> 　　　　1　くるま　　　　4　は　　　　　　3　だれ　　　　　2　の

2. ＿★＿に　入る　ばんごうを　くろく　ぬります。

　　　　　　　　　(かいとうようし)　| れい | ①　②　●　④ |

10　えいがかん　＿＿＿　＿＿＿　＿★＿　＿＿＿　。

　　1　行きました　　　2　ひとり　　　　3　で　　　　　　4　へ

11　(デパートで)

　　客　「すみません。　この　シャツですが、　＿＿＿　＿＿＿　＿＿＿　＿★＿

　　　　ありませんか。」

　　店の人「はい、　すこし　まって　ください。」

　　1　は　　　　　　　2　もう少し　　　3　の　　　　　　4　大きい

12　リー「ぜんぶ　すてましたか。」

　　山田「いいえ、＿＿＿＿＿＿＿＿＿＿★＿＿＿＿　すてました。」

　　　1　なった　　　　2　もの　　　　　3　だけ　　　　　4　ふるく

13　ともだち＿＿＿＿＿＿＿＿＿★＿＿＿＿　弟に　こわされて　しまいました。

　　　1　借りた　　　　2　に　　　　　　3　を　　　　　　4　ゲーム機

もんだい3 [14] から [17] に 何を 入れますか。ぶんしょうの いみを かんが
えて、1・2・3・4から いちばん いい ものを 一つ えらんで
ください。

소요시간 7분

つぎは 日本で べんきょうして いる メアリーさんが かいた にっきです。

わたしは レストランで アルバイトを [14]。 レストランは 学校の ちか
くに あります。 学校が おわって 週に 2回、 3時間 はたらきます。 先
週は、 ともだちが かぞくと ごはんを たべに [15]。 アルバイトが おわ
って [16] ともだちと コーヒーを のんで 家に かえりました。 にちようび
に ともだちの おとうとと 三人で こうえんへ いこうと いいました。

こうえんは えきの 東がわに あります。 こうえんには きれいな 花が
たくさん さいて います。 らいしゅうは 学校の まつりも あります。 ま
つりでは みんなで つくった さくひんを みんなに みせます。 花を みに
いくことも、 まつりも とても [17] です。

14

   1   しています　　　　　　　　　2   してみます

   3   しているところです　　　　4   しようとしました

15

   1   いました　　　　　　　　　2   きました

   3   いきました　　　　　　　　4   あいました

16

   1   も　　　　　　　　　　　　2   から

   3   の　　　　　　　　　　　　4   に

17

   1   たのしみ　　　　　　　　　2   たのしむ

   3   たのしさ　　　　　　　　　4   たのしかった

もんだい４　つぎの　（１）から　（２）の　ぶんしょうを　<ruby>読<rt>よ</rt></ruby>んで、　しつもんに　こたえて

<small>소요시간
8분</small>
ください。　こたえは、　１・２・３・４から　いちばん　いい ものを　<ruby>一<rt>ひと</rt></ruby>つ

えらんで　ください。

（１）

こばやしさんが　やまもとさんに　メールを　おくりました。

やまもとさん

きのうは、　ありがとうございました。

いっしょに　たべた　うどんも　とても　おいしかったです。

あした　ともだちと　いっしょに　あの　うどんを　たべに　いきます。

らいしゅう　また　いっしょに　うどんを　たべませんか。

こばやし

<u>18</u>　こばやしさんは　あした、　なにを　しますか。

　　１　ひとりで　うどんを　たべます。

　　２　ともだちと　いっしょに　うどんを　たべます。

　　３　やまもとさんと　いっしょに　うどんを　たべます。

　　４　ともだちと　いっしょに　ラーメンを　たべます。

（2）

こどもプール　りようの　おしらせです。

こどもプール　りようの　おしらせ

- プールは　１０さいまで　りよう　できます。
- プールは　まいにち　ごぜん　9時から　ごご　7時までです。
- プールでは　たべたり　のんだり　しないで　ください。
- まいしゅう　にちようびは　プールは　6時に　しまります。

---

19 こどもプールに　ついて　だだしいのは　どれですか。

1 9さいの　たなかくんは　りよう　できません。

2 プールで　ジュースや　パンを　たべても　いいです。

3 すいようびの　ごご　1時は　プールを　りよう　できます。

4 にちようびは　ごご　7時までです。

もんだい5 つぎの ぶんしょうを 読^よんで、 しつもんに こたえて ください。 こたえ
は、 1・2・3・4から いちばん いい ものを 一^{ひと}つ えらんで ください。

　きょうは 学校^{がっこう}の ともだちと あそびに 行^いきました。みんなで 新^{あたら}しく できた
ゲームセンターに 行きました。 そこには リズムゲーム、 レーシングゲームなど、
いろいろな ゲームが ありました。 ぼくたちは レーシングゲームで あそびました。
　ゲームセンターの となりには コンビニが ありました。 みんな コンビニで お
いしい おかしを 買^かいました。 そして 本^{ほん}やさんにも 行^いきました。 ぼくは そこ
で まんがを 読^よみました。 そのあと、 こうえんにも 行^いきました。 みんなで ボ
ールで あそびました。 とても たのしい 一日^{いちにち}でした。

20 ゲームセンターに ついて ただしいのは どれですか。

  1 リズムゲームが あります。

  2 レーシングゲームは ありません。

  3 きのう できました。

  4 となりに コンビニは ありません。

21 「ぼく」が きょう やらなかった ことは なんですか。

  1 ゲームセンターで あそびました。

  2 おかしを 買いました。

  3 こうえんで あそびました。

  4 まんがを 買いました。

もんだい6　右の　ページを　見て、　下の　しつもんに　こたえて　ください。　こた
<small>소요시간
4분</small>
えは、　1・2・3・4から　いちばん　いい ものを　一つ　えらんで　くだ
さい。

22　ダンスに　さんかしたい　ひとは　どうしますか。

1　2月2日の　ごご12時50分まで　しぶや駅に　行きます。

2　2月4日の　ごご12時40分まで　しぶや駅に　行きます。

3　2月5日の　ごご6時40分まで　しぶや駅に　行きます。

4　2月6日の　ごご12時40分まで　しぶや駅に　行きます。

ダンス　クラブ

● みなさんの　さんかを　おまちして　います。

2月	2月1日 (木)	2月2日 (金)	2月3日 (土)	2月4日 (日)	2月5日 (月)	2月6日 (火)
ひよこ チーム	◉	＊	×	×	◉	＊
カエル チーム	×	×	×	×	＊	×
うさぎ チーム	×	×	◉	◉	×	◉

＊ ごご1時　から　ごご2時　までです。

◉ ごご6時　から　ごご7時　までです。

× おやすみです。

● ばしょ：しぶや駅前

● 10分　前に　しぶや駅に　きて　ください(ひよこチームは　20分前)

N5

ちょうかい
聴解
ぷん
(30分)

ちゅう　　　　　い
注　　意
Notes

1. 試験が始まるまで、この問題用紙を開けないでください。
   Do not open this question booklet until the test begins.

2. この問題用紙を持って帰ることはできません。
   Do not take this question booklet with you after the test.

3. 受験番号と名前を下の欄に、受験票と同じように書いてください。
   Write your examinee registration number and name clearly in each box below as written on your test voucher.

4. この問題用紙は、全部で 14 ページあります。
   This question booklet has 14 pages.

5. この問題用紙にメモをとってもいいです。
   You may make notes in this question booklet.

じゅけんばんごう 受験番号　Examinee Registration Number	
なまえ 名前　Name	

もんだい1

　もんだい1では、　はじめに　しつもんを　きいて　ください。　それから　はなしを　きいて、　もんだいようしの　1から4の　なかから、　いちばん　いい　ものを　ひとつ　えらんで　ください。

れい

1

2

3

4

1ばん

1

2

3

4

2ばん

1

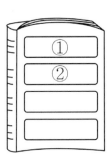

2

3

4

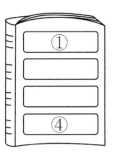

3ばん

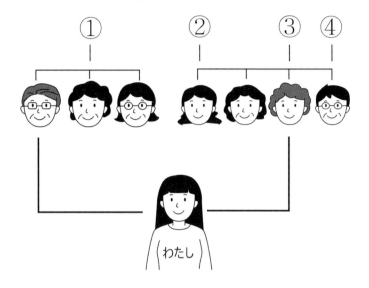

4ばん

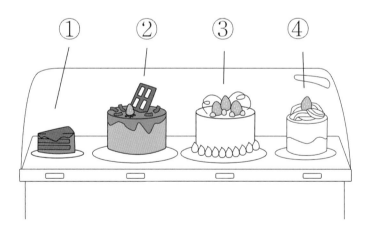

5ばん

1　１Ａきょうしつ

2　こうえん

3　２Ｂきょうしつ

4　１Ｂきょうしつ

6ばん

1

2

3

4

7ばん

1   1かいの　かいぎしつ

2   2かいの　かいぎしつ

3   3がいの　かいぎしつ

4   4かいの　かいぎしつ

もんだい2

　もんだい2では、　はじめに　しつもんを　きいて　ください。　それから　はなしを　きいて、　もんだいようしの　1から4の　なかから、　いちばん　いい　ものを　ひとつ　えらんで　ください。

れい

1　くるま

2　でんしゃ

3　タクシー

4　バス

1ばん

1

2

3

4

2ばん

1 900えん

2 1,000えん

3 1,100えん

4 2,000えん

3ばん

1 げつようび　ごぜん　9じ

2 かようび　ごご　3じ

3 すいようび　ごぜん　10じ

4 もくようび　ごご　6じ

4ばん

1

2

3

4

5ばん

1　10じ

2　10じ5ふん

3　10じ30ぷん

4　11じ

6ばん

1

2

3

4

もんだい３

　　もんだい３では、　えを　みながら　しつもんを　きいて　ください。　➡(や
じるし)の　ひとは　なんと　いいますか。　１から３の　なかから、　いちばん
いい　ものを　ひとつ　えらんで　ください。

れい

1ばん

2ばん

3ばん

4ばん

5ばん

もんだい4

　もんだい4では、えなどが　ありません。まず　ぶんを　聞^きいて　ください。それから、そのへんじを　聞^きいて、1から3の　中^{なか}から、いちばん　いい　ものを一^{ひと}つ　えらんで　ください。

－　メモ　－

초단기 합격 프로젝트!
JLPT 최신 기출 유형 실전모의고사 N5

최신 기출 유형
N5 실전문제
제3회

1교시	언어지식(문자·어휘) 20분
2교시	언어지식(문법)·독해 40분
2교시	청해 30분

테스트 전 확인 사항

☐ 해답 용지 준비하셨나요?   ☐ 연필과 지우개 챙기셨나요?   ☐ 청해 음성 들을 준비하셨나요?

 제1회 청해 전체 음성 MP3
시원스쿨 일본어 홈페이지
(japan.siwonschool.com)의
수강신청>교재/MP3에서 무료 다운로드

 고득점 부스터 암기카드 PDF
시원스쿨 일본어 홈페이지
(japan.siwonschool.com)의
수강신청>교재/MP3에서 무료 다운로드

시험 시간: 1교시 60분 ┃ 2교시 30분

| 목표 점수: | 점 | | |
| 시작 시간: | 시 | 분 ~ 종료 시간: | 시   분 |

N5 최신 기출 유형 실전문제 가채점표

 문자·어휘·독해

		문제유형	문항 및 배점	점수	총점
문자·어휘	문제1	한자 읽기	7문제 × 1점	7	21점
	문제2	표기	5문제 × 1점	5	
	문제3	문맥 규정	6문제 × 1점	6	
	문제4	유의 표현	3문제 × 1점	3	
문법	문제1	문법형식 판단	9문제 × 1점	9	17점
	문제2	문장 만들기	4문제 × 1점	4	
	문제3	글의 문법	4문제 × 1점	4	
독해	문제4	내용 이해(단문)	2문제×6점	12	30점
	문제5	내용 이해(중문)	2문제×6점	12	
	문제6	정보 검색	1문제×6점	6	
합계					68점

★ **득점환산법(120점 만점)** [득점] ÷ 68 × 120 =[   ]점

🎧 청해

		문제유형	문항 및 배점	점수	총점
청해	문제1	과제 이해	7문제 × 3점	21	55점
	문제2	포인트 이해	6문제 × 3점	18	
	문제3	발화 표현	5문제 × 2점	10	
	문제4	즉시 응답	6문제 × 1점	6	
합계					55점

★ **득점환산법(60점 만점)** [득점] ÷ 55 × 60=[   ]점

※위 배점표는 시원스쿨어학연구소가 작성한 것으로 실제 시험과는 다소 오차가 있을 수 있습니다.

N5

げんごちしき(もじ・ごい)
(20ぷん)

ちゅうい
Notes

1. しけんが はじまるまで、この もんだいようしを あけない で ください。
   Do not open this question booklet until the test begins.

2. この もんだいようしを もって かえる ことは できません。
   Do not take this question booklet with you after the test.

3. じゅけんばんごうと なまえを したの らんに、じゅけんひ ょうと おなじように かいて ください。
   Write your examinee registration number and name clearly in each box below as written on your test voucher.

4. この もんだいようしは、 ぜんぶで 4ページ あります。
   This question booklet has 4 pages.

5. もんだいには かいとうばんごうの 1 、 2 、 3 …が あり ます。かいとうは、かいとうようしに ある おなじ ばんご うの ところに マークして ください。
   One of the row numbers 1 , 2 , 3 … is given for each question. Mark your answer in the same row of the answer sheet.

じゅけんばんごう　Examinee Registration Number	
なまえ　Name	

もんだい1 _____の　ことばは　ひらがなで　どう　かきますか。

1・2・3・4から　いちばん　いい　ものを　ひとつ　えらんで　ください。

소요시간 4분

(れい)　かばんは　つくえの　下に　あります。

　　　　　1　ちた　　　　　2　した　　　　　3　ちだ　　　　　4　しだ

(かいとうようし)　｜　れい　｜　① ● ③ ④　｜

1　よっかから　八日まで　ちちと　りょこうしました。

　　1　ようか　　　　　2　むいか　　　　　3　とおか　　　　　4　はちか

2　上着を　きました。

　　1　うわき　　　　　2　うわぎ　　　　　3　うえき　　　　　4　うえぎ

3　わたしは　あつさに　とても　弱いです。

　　1　わるい　　　　　2　よわい　　　　　3　かわいい　　　　　4　ふかい

4　いもうとは　会社へ　いきました。

　　1　がいこく　　　　　2　がいしゃ　　　　　3　かいこく　　　　　4　かいしゃ

5　へやの　まどから　川が　みえます。

　　1　そら　　　　　2　うみ　　　　　3　かわ　　　　　4　やま

6　あしたは　何人　いきますか。

　　1　なににん　　　　　2　なにじん　　　　　3　なんひと　　　　　4　なんにん

7　なつやすみには　いつも　国へ　かえります。

　　1　くに　　　　　2　こく　　　　　3　ぐに　　　　　4　ごく

もんだい2 ＿＿＿の ことばは ひらがなで どう かきますか。

[소요시간 6분]

1・2・3・4から いちばん いい ものを ひとつ えらんで ください。

(れい) わたしの へやには <u>ほん</u>が おおいです。

　　　　1 山　　　　2 川　　　　3 花　　　　4 本

(かいとうようし) | れい | ① ② ③ ● |

---

8 <u>はんかち</u>を あらいました。

　　1 ハシカチ　　　2 ハンカチ　　　3 ハシクチ　　　4 ハンクチ

9 <u>ごご</u> 3じの えいがを みます。

　　1 午後　　　2 牛前　　　3 牛後　　　4 牛従

10 としょかんと ぎんこうの <u>あいだに</u> がっこうが あります。

　　1 問　　　2 開　　　3 間　　　4 閃

11 この ほんは とても <u>やすい</u>です。

　　1 高い　　　2 重い　　　3 安い　　　4 古い

12 わたしは かわいい <u>ふく</u>が すきです。

　　1 福　　　2 衣　　　3 副　　　4 服

もんだい3 （　　　）に　なにが　はいりますか。

소요시간 7분

1・2・3・4から　いちばん　いい　ものを　ひとつ　えらんで　ください。

（れい）　あそこで　バスに　（　　　）。

　　　　　1　あがりました　　　　　　2　のりました
　　　　　3　つきました　　　　　　　4　はいりました

（かいとうようし）　　| れい | ① ● ③ ④ |

13　この　ケーキは　さとうが　たくさん　はいって　（　　　）です。

　　1　くろい　　　　　2　あまい　　　　　3　わかい　　　　　4　ながい

14　あたまが　いたくて　（　　　）へ　いきました。

　　1　病院　　　　　　2　銀行　　　　　　3　学校　　　　　　4　西口

15　（　　　）を　いえに　わすれて　きて　おかねが　ありません。

　　1　とけい　　　　　2　いす　　　　　　3　しゃしん　　　　4　さいふ

16　前田「となりの　みせで　（　　　）を　やすく　うって　います。」

　　キム「わたしも　みかんを　かいました。」

　　1　のりもの　　　　2　のみもの　　　　3　くだもの　　　　4　かいもの

17　かれは　せんせいの　しつもんに　（　　　）ませんでした。

　　1　おそわり　　　　2　つかい　　　　　3　みがき　　　　　4　こたえ

18　ここでは　（　　　）こえで　はなして　ください。

　　1　ちいさい　　　　2　ほそい　　　　　3　まるい　　　　　4　みじかい

もんだい４ ＿＿＿＿の　ぶんと　だいたい　おなじ　いみの　ぶんが　あります。

[소요시간 3분]

１・２・３・４から　いちばん　いい　ものを　ひとつ　えらんで　ください。

(れい)　けさ　しゅくだいを　しました。

１　おとといの　あさ　しゅくだいを　しました。

２　おとといの　よる　しゅくだいを　しました。

３　きょうの　あさ　しゅくだいを　しました。

４　きょうの　よる　しゅくだいを　しました。

(かいとうようし)　｜　れい　｜　① ② ● ④

19　あの　たてものに　ゆうめいな　カフェが　あります。

１　あの　ビルに　ゆうめいな　カフェが　あります。

２　あの　ニュースに　ゆうめいな　カフェが　あります。

３　あの　ビールに　ゆうめいな　カフェが　あります。

４　あの　こうえんに　ゆうめいな　カフェが　あります。

20　スミスさんは　やまださんに　えいごを　おしえました。

１　スミスさんは　やまださんに　えいごを　おしえませんでした。

２　スミスさんは　やまださんに　えいごを　ききました。

３　やまださんは　スミスさんに　えいごを　ならいました。

４　やまださんは　スミスさんに　えいごを　もらいました。

21　きょうは　ははの　たんじょうびです。

１　きょうは　ははが　ないた　ひです。

２　きょうは　ははが　うまれた　ひです。

３　きょうは　ははが　けっこんした　ひです。

４　きょうは　ははが　プレゼントを　あげた　ひです。

N5

言語知識（文法）・読解
(40ぷん)

注意

Notes

1. 試験が始まるまで、この問題用紙を開けないでください。

   Do not open this question booklet until the test begins.

2. この問題用紙を持って帰ることはできません。

   Do not take this question booklet with you after the test.

3. 受験番号となまえをしたの欄に、受験票と同じようにかいてください。

   Write your examinee registration number and name clearly in each box below as written on your test voucher.

4. この問題用紙は、全部で 12 ページあります。

   This question booklet has 12 pages.

5. 問題には解答番号の 1、2、3 … があります。解答は、解答用紙にあるおなじ番号のところにマークしてください。

   One of the row numbers 1, 2, 3 … is given for each question. Mark your answer in the same row of the answer sheet.

受験番号 Examinee Registration Number	
名前　Name	

もんだい1 (   )に 何を 入れますか。

[소요시간 9분]

　　　　　1・2・3・4から いちばん いい ものを 一つ えらんで ください。

（れい）　これ(　　　　) ざっしです。

　　　　　　1　に　　　　　2　を　　　　　3　は　　　　　4　や

　　　　（かいとうようし）　｜ れい ｜ ① ② ● ④ ｜

1　ちちは 木(　　　　) つくえを つくりました。

　　1　を　　　　　2　で　　　　　3　に　　　　　4　が

2　わたしは 二人 きょうだいです。 おとうと(　　　　) わたしです。

　　1　も　　　　　2　の　　　　　3　か　　　　　4　と

3　A「この くすりは (　　　　) いいですか。」

　　B「いいえ、 その くすりも いっしょに のんで ください。」

　　1　のまなければ　　　　　　　　2　のまないでは

　　3　のまなくても　　　　　　　　4　のまないで

4　リー「ここの レストラン まだ あいて いませんね。」

　　佐藤「はい。でも、いつも 11時に あくので もうすぐ (　　　　)。」

　　1　あくです　　　　　　　　　　2　あくでしょう

　　3　あきました　　　　　　　　　4　あきませんでした

5 ここは　えきが　とおくて　(　　　　)じゃ　ありません。

    1　べんり　　　　　2　たいせつ　　　　3　ふべん　　　　4　じょうず

6 きのう(　　　　　)　あめが　ふりましたが、　きょう(　　　　　)　ふって
いません。

    1　に／に　　　　　2　を／を　　　　3　も／も　　　　4　は／は

7 高橋「もしもし、高橋です(　　　　　)、　山本さん　いますか。」
山本の母「すみません、　いま　いえに　いません。」

    1　が　　　　　　　2　も　　　　　　3　を　　　　　　4　と

8 せんせいは　きょうしつ(　　　　)　いません。

    1　に　　　　　　　2　で　　　　　　3　へ　　　　　　4　は

9 A「せんせい、きのうは　ありがとうございました。」
B「いいえ、(　　　　)。」

    1　しつれいします　　　　　　　　2　いってきます
    3　どういたしまして　　　　　　　4　いただきます

もんだい2　＿＿★＿＿に　入る（はい）ものは　どれですか。

所要時間（소요시간）4분

1・2・3・4から　いちばん　いい　ものを　一つ（ひと）えらんで　ください。

(もんだいれい)

あの　＿＿＿＿　＿＿＿＿　＿＿★＿＿　＿＿＿＿　ですか。

1　くるま　　　　2　の　　　　　3　だれ　　　　4　は

(こたえかた)

1. ただしい　文（ぶん）を　つくります。

> あの　＿＿＿＿　＿＿＿＿　＿＿★＿＿　＿＿＿＿　ですか。
>
> 　　　1　くるま　　　4　は　　　　　3　だれ　　　　2　の

2. ＿＿★＿＿に　入る（はい）　ばんごうを　くろく　ぬります。

(かいとうようし)　| れい | ① ② ● ④ |

10　きょうは　＿＿＿＿　＿＿★＿＿　＿＿＿＿　＿＿＿＿　ふっています。

1　雨（あめ）　　　2　から　　　3　が　　　4　朝（あさ）

11　鈴木（すずき）「太田（おおた）さん、　あした　＿＿＿＿　＿＿＿＿　＿＿★＿＿　＿＿＿＿　行（い）きませんか。」
太田（おおた）「いいですね。　行きましょう。」

1　見（み）　　　2　でも　　　3　えいが　　　4　に

12　あなたは　えんぴつと　＿＿＿＿　＿＿＿＿　＿＿★＿＿　＿＿＿＿　すきですか。

1　と　　　　2　が　　　　3　ボールペン　　　4　どちら

13　この　へや　＿＿＿＿　＿＿＿＿　＿＿＿＿　＿＿★＿＿　ないから　とても　あついです。

1　エアコン　　　2　に　　　3　が　　　4　は

もんだい3　[14] から [17] に 何^{なに}を 入れますか。ぶんしょうの いみを かんが

　えて、1・2・3・4から いちばん いい ものを 一^{ひと}つ えらんで

くださ い。

つぎは あまのさんが 「しゅみ」に ついて かいた さくぶんです。

　　わたしの しゅみは テレビで ドラマを [14] ことです。 とくに 医者^{いしゃ}

や 看護師^{かんごし}が 主役^{しゅやく}の びょういんの ドラマが [15] すきです。 こどもの

ときから びょういんの ドラマが すきでした。 医者は びょうきや けが

を した人^{ひと}を [16]。かっこいいです。 こどもの ときは 医者に なりたい

と 思^{おも}いました。 [17] いまは 医者に なりたいと 思って いません。 ド

ラマを みるだけで たのしいです。 医者や 看護師の 人たちは ほんとうに

すごいと 思います。

14

1 みる 2 きく
3 のむ 4 うる

15

1 あまり 2 おなじ
3 いちばん 4 そんなに

16

1 助_{たす}けて みます 2 助_{たす}けます
3 助_{たす}けたいです 4 助_{たす}けて きます

17

1 どうして 2 そして
3 でも 4 だから

もんだい4　つぎの　（1）から　（2）の　ぶんしょうを　読んで、　しつもんに　こたえて
ください。　こたえは、　1・2・3・4から　いちばん　いい ものを　一つ
えらんで　ください。

소요시간
8분

（1）

先週　家族で　東京へ　行きました。　一日目には、　1年前には　なかった　おもしろ
い　店が　たくさん　あって　そこで　かいものも　しました。　その　つぎの　日には
食べたかった　ラーメンを　食べる　ことが　できて　うれしかったです。　時間が　な
くて　ふじさんには　行けませんでした。　夏休みに　なったら、　ともだちと　ディズ
ニーランドへ　行きたいです。

18　二日目に わたしが　行ったのは　どこですか？

1　東京の　おもしろい　店

2　ふじさんが　見える　店

3　食べたかった　ラーメンの　店

4　ディズニーランド

（２）

（会社で）

カナさんの　机の　上に　メモが　あります。

カナさんへ

あしたの　かいぎですが、　1時から　3時に　かわりました。
1時に　みんなで　おひる　ごはんを　たべましょう。
かいぎの　じゅんびは　2時から　します。

加藤

19　加藤さんは　なぜ　メモを　書きましたか。

　　1　ご飯を　たべる　場所が　かわったから
　　2　かいぎを　する　場所が　かわったから
　　3　ご飯を　たべる　ひとが　かわったから
　　4　かいぎを　する　時間が　かわったから

もんだい5　つぎの　ぶんしょうを　読んで、　しつもんに　こたえて　ください。　こたえ
は、　1・2・3・4から　いちばん　いい ものを　一つ　えらんで　ください。

〔소요시간 8분〕

　「かんようく」とは、　「かおが　広い」、　「耳が　いたい」のように　むかしから
つかって　いる　とくべつな　ことばです。　「かおが　広い」は　「多くの　人を　し
って　いる」という　意味です。　「耳が　いたい」は　「じぶんの　わるい　ところ
を　人に　言われる　ことが　つらい」という　いみです。　「かんようく」を　よく
しらない　人が　「耳が　いたい」という　ことばを　聞くと　おどろくかも　しれませ
ん。　「かんようく」は　たくさん　使いますから、　べんきょう　する　ことが　だい
じです。　がんばって　べんきょう　しましょう。

20 おどろく 理由は 何ですか。

1 けがを したと 思うかも しれないから。

2 かんようくを たくさん べんきょうしたから

3 じぶんの わるい ところを 人に 言われたから

4 多くの 人を しって いるから

독해

21 この ぶんで 言いたいことは なんですか。

1 耳が いたい ときは びょういんに 行かないと いけません。

2 「かんようく」を たくさん べんきょうして ください。

3 「かんようく」を きいても つらく 思わないで ください。

4 かおが 広い 人に なることが だいじです。

もんだい6　右の　ページを　見て、　下の　しつもんに　こたえて　ください。　こたえは、　1・2・3・4から　いちばん　いい　ものを　一つ　えらんで　ください。

소요시간 4분

22　北村さんは　22日に　かぞくで　音楽会に　行きます。　5さいと　中学生の　むすめ　2人と　北村さんの　お母さんの　4人で　行きます。　北村さんは、いくら　はらいますか。

　　1　3,200円

　　2　3,700円

　　3　4,200円

　　4　4,700円

子どもと　いっしょに　行こう　冬の　音楽会

● うた

きらきらぼし	さんぽ	大きな古時計	ドレミのうた	子犬のワルツ
ララルー	花はさく	愛のゆめ	心のままに	背くらべ

● 日にち・時間

3月21日(土ようび)	15：00～18：00
3月22日(日ようび)	14：00～17：00

● お金

大人	1,300円
学生(中学・高校)	800円
子ども(0さい～10さい)	300円

● うた

3月21日(土ようび)	大田市文化会館　ローズルーム
3月22日(日ようび)	大田市文化会館　ひまわりルーム

※ 音楽会に　行きたい　人は、1週間前までに　電話を　して　ください。
　お金は　うたを　聞く　日に　出します。

大田市文化会館
電話番号：0569-455-6215

N5

ちょうかい
聴解
ぷん
(30分)

ちゅう　　い
注　意
Notes

1. 試験が始まるまで、この問題用紙を開けないでください。
   Do not open this question booklet until the test begins.

2. この問題用紙を持って帰ることはできません。
   Do not take this question booklet with you after the test.

3. 受験番号と名前を下の欄に、受験票と同じように書いてください。
   Write your examinee registration number and name clearly in each box below as written on your test voucher.

4. この問題用紙は、全部で 14 ページあります。
   This question booklet has 14 pages.

5. この問題用紙にメモをとってもいいです。
   You may make notes in this question booklet.

じゅけんばんごう 受験番号　Examinee Registration Number	
なまえ 名前　Name	

もんだい 1

　もんだい 1 では、　はじめに　しつもんを　きいて　ください。　それから　はなしを　きいて、　もんだいようしの　1 から 4 の　なかから、　いちばん　いい　ものを　ひとつ　えらんで　ください。

れい

1

2

3

4

1ばん

1

2

3

4

2ばん

1 1200えん

2 1300えん

3 1500えん

4 2000えん

3ばん

1

2

3

4
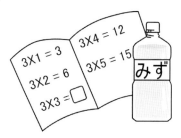

4ばん

5 ばん

1

2

3

4

6 ばん

1 かようび

2 すいようび

3 もくようび

4 きんようび

7ばん

1

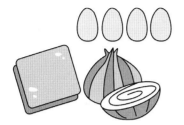

2

3

4

もんだい2

　もんだい2では、　はじめに　しつもんを　きいて　ください。　それから　はなしを　きいて、　もんだいようしの　1から4の　なかから、　いちばん　いい　ものを　ひとつ　えらんで　ください。

れい

1　くるま

2　でんしゃ

3　タクシー

4　バス

1ばん

1

2

3

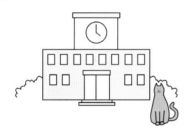

4

2ばん

1　はる

2　なつ

3　あき

4　ふゆ

3ばん

1
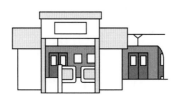

2

3

4

4ばん

1　げつようび

2　かようび

3　すいようび

4　もくようび

5 ばん

6 ばん

1　　7日（なのか）

2　　8日（ようか）

3　　10日（とおか）

4　　14日（じゅうよっか）

もんだい3

もんだい3では、　えを　みながら　しつもんを　きいて　ください。　➡(や
じるし)の　ひとは　なんと　いいますか。　1から3の　なかから、　いちばん
いい　ものを　ひとつ　えらんで　ください。

れい

1ばん

2ばん

3 ばん

4 ばん

5ばん

もんだい4

　もんだい4では、えなどが　ありません。まず　ぶんを　聞いて　ください。それから、そのへんじを　聞いて、1から3の　中から、いちばん　いい　ものを一つ　えらんで　ください。

－　メモ　－

MEMO

JLPT

최신기출유형
실전모의고사

N5

전략 해설집

S 시원스쿨닷컴

JLPT

최신기출^{유형} 실전모의고사

N5

전략 해설집

S 시원스쿨닷컴

목차

언어지식(문자·어휘)

もんだい1		もんだい4	
1	2	19	2
2	4	20	2
3	2	21	3
4	3		
5	4		
6	3		
7	1		
もんだい2			
8	2		
9	2		
10	1		
11	4		
12	3		
もんだい3			
13	1		
14	4		
15	2		
16	1		
17	3		
18	1		

언어지식(문법)·독해

もんだい1		もんだい3	
1	3	14	2
2	1	15	1
3	2	16	3
4	3	17	4
5	3	もんだい4	
6	4	18	2
7	1	19	3
8	3	もんだい5	
9	2	20	2
もんだい2		21	3
10	2	もんだい6	
11	4	22	4
12	4		
13	1		

청해

もんだい1		もんだい3	
れい	3	れい	1
1ばん	1	1ばん	3
2ばん	2	2ばん	2
3ばん	3	3ばん	3
4ばん	3	4ばん	1
5ばん	1	5ばん	3
6ばん	3	もんだい4	
7ばん	3	れい	3
もんだい2		1ばん	2
れい	2	2ばん	2
1ばん	4	3ばん	3
2ばん	1	4ばん	2
3ばん	2	5ばん	1
4ばん	4	6ばん	1
5ばん	1		
6ばん	4		

1교시 언어지식(문자·어휘)

본책 27 페이지

もんだい1 _____의 말은 히라가나로 어떻게 씁니까? 1·2·3·4에서 가장 알맞은 것을 하나 고르세요.

1 정답 2

5월 20일에 다나카 씨를 만납니다.

해설 「20日」은 「にじゅうにち」가 아니라 「はつか」라고 읽는다. 날짜 중에서도 1일(ついたち), 2일(ふつか) 등 읽는 법이 다른 단어들은 자주 출제되므로 외워 두는 것이 좋다.

빈출 四日(4일) ㅣ 六日(6일) ㅣ 八日(8일) ㅣ 九日(9일) ㅣ 十日(10일)

어휘 ごがつ(5월) ㅣ 二十日(20일) ㅣ ～にあう(~를 만나다)

2 정답 4

저기 있는 게 야마다 씨 어머니입니까?

해설 「お母さん」은 「おかあさん(남의 어머니)」이라고 읽으며, 「母」는 「はは(내 어머니)」라고 읽는다. 가족 관계를 나타내는 어휘는 1문제 이상 꼭 출제되므로, 다른 선택지 1 おとうさん(남의 아버지) 2 おねえさん(남의 누나, 언니) 3 おにいさん(남의 형, 오빠)도 반드시 기억해 두자.

빈출 母(내 어머니) ㅣ 父(아버지) ㅣ お父さん(남의 아버지)

어휘 あそこ(저기) ㅣ いる(있다, 사람이나 동물)

3 정답 2

'북쪽 고향에서'라는 유명한 드라마를 보았습니다.

해설 「北」의 훈독은 「きた(북쪽)」이며, 음독은 「ほく」로 읽는다. 방향을 나타내는 표현도 자주 출제되므로 반드시 암기해 두어야 한다. 다른 선택지 1 にし(서쪽) 3 みなみ(남쪽) 4 ひがし(동쪽)도 함께 기억해 두자.

빈출 北がわ (북쪽) ㅣ 南がわ(남쪽) ㅣ 西口(서쪽 출구) ㅣ 南口(남쪽 출구)

어휘 北(북쪽) ㅣ くに(나라, 국가, 고향) ㅣ ～で(에서) ㅣ という(~라는) ㅣ ゆうめいだ(유명하다) ㅣ ドラマ(드라마) ㅣ みる(보다)

4 정답 3

이 학교에는 여학생이 100명 있습니다.

해설 「사람 인 人」은 '사람'이라는 의미로, 훈독으로는 「ひと」라고 읽으며, 음독으로는 「にん」 또는 「じん」이라고 읽는다. 나라 이름, 지역, 영역, 시간과 관련된 단어에 붙으면 주로 「じん」이라고 읽으며, 숫자에 붙을 때는 주로 「にん」으로 읽는다. '백'은 음독으로 「ひゃく(百)」라고 읽으므로 정답은 3번이다.

빈출 一人(1명) ㅣ 二人(2명) ㅣ 四人(4명) ㅣ 九人(9명) ㅣ 九十人(90명)

어휘 この(이) ㅣ がっこう(학교) ㅣ ～には(~에는) ㅣ おんな(여자) ㅣ せいと(학생) ㅣ いる(있다)

5 정답 4

지금 할머니가 주스를 만들고 있습니다.

해설 「祖母(할머니)」는 음독으로 「そぼ」라고 읽는다. 따라서 정답은 4번이다. 두 한자 모두 단음으로 읽어야 한다는 점에 주의하자. 일본어에서는 자신의 가족과 타인의 가족을 부르는 호칭이 다르다는 점에도 주의해야 하는데, 타인의 가족이라면 「お」를 붙여 「お祖母さん」이 된다.

빈출 祖父(자신의 할아버지) ㅣ お祖母さん(타인의 할머니) ㅣ お祖父さん(타인의 할아버지)

어휘 いま(지금) ㅣ ジュース(주스) ㅣ 作る(만들다) ㅣ ～ている(~을 하고 있다)

6 정답 3

외국에 살고 있는 친구에게 편지를 썼다.

해설 「손 수 手」의 음독은 「しゅ」이고 훈독은 「て(손)」이며, 「紙」의 음독은 「し」이고 훈독은 「かみ(종이)」인데, 「手紙」는 「てがみ」로 읽는다. 「てかみ」로 읽어서는 안 되며, 「かみ(종이)」에 탁음을 찍어 「てがみ」로 읽는다는 점에 주의하자.

빈출 切手(우표) ㅣ 紙(종이)

어휘 がいこく(외국) ㅣ ～にすむ(~에 살다, 거주하다) ㅣ ともだち(친구) ㅣ 手紙(편지) ㅣ かく(쓰다)

7 정답 1

물을 마시고 싶습니다.

해설 「물 수 水」의 음독은 「すい」이며, 훈독은 「みず」로 읽으므로, 정답은 1번이다. '마시는 물'을 나타낼 때는 훈독으로 읽으며 「す」에 탁음이 있다는 점을 기억해 두자.

빈출 水よう日(수요일)

어휘 水(물) | のむ(마시다) | ～たい(～하고 싶다)

もんだい2 　　　　의 말은 어떻게 씁니까? 1·2·3·4에서 가장 알맞은 것을 하나 고르세요.

8 정답 2

택시를 타고 갔습니다.

해설 정답은 2번 「タクシー(택시)」이다. 「シ(し)・ツ(つ)・ソ(そ)・ン(ん)」은 헷갈리기 쉬워 외래어 표기 문제에 상당히 자주 나오니 잘 기억해 두자. 그리고, 가타카나 「テ」와 「チ」도 형태가 비슷하여 혼동하기 쉬우니 주의하여 암기해 두자.

빈출 チケット(티켓) | ストーブ(난로) | レポート(리포트)

어휘 ～にのる(～을 타다) | いく(가다)

---

9 정답 2

길에서 선생님을 만났습니다.

해설 정답은 2번 「会う(만나다)」이다. '맞다(두개 이상의 것이 합쳐지다, 일치하다)'라는 의미인 「合う(맞다)」도 함께 암기해 두자.

빈출 書く(쓰다) | 分かる(알다) | 見る(보다)

어휘 みち(길) | せんせい(선생님) | 会う(만나다)

---

10 정답 1

지쳤네요. 조금 쉬지 않을래요?

해설 「쉴 휴 休」는 음독으로는 「きゅう」로 읽고, 훈독으로는 「やすむ」로 읽는다. '쉬다' 라는 뜻으로, 「体(몸)」과 헷갈리기 쉬우니 한자를 정확히 암기해 두자.

빈출 休日(휴일) | 夏休み(여름 방학) | 冬休み(겨울 방학)

어휘 つかれる(지치다) | すこし(조금) | やすむ (쉬다) | ～ませんか(～하지 않겠습니까?)

---

11 정답 4

야마다 씨는 매일 신문을 읽습니다.

해설 「しんぶん」은 '신문'이란 뜻으로 한자는 「新聞」이다. 「新」은 훈독으로는 「新しい(새롭다)」라고 읽는데, 비슷하게 생긴 한자로 「親」이 있다. 「親」은 훈독으로는 「親(부모)」 혹은 「親しい(친하다)」라고 읽는다.

빈출 新しい(새롭다) | 聞く(듣다)

어휘 まいにち(매일) | 新聞(신문) | よむ(읽다)

---

12 정답 3

내일은 목요일입니다.

해설 「나무 목 木」은 훈독으로는 「き(나무)」로 읽고, 음독으로는 「もく」로 읽는다. 요일 문제는 출제 빈도가 높으니 잘 정리해 둬야 한다.

빈출 月よう日(월요일) | 火よう日(화요일) | 金よう日(금요일) | 土よう日(토요일) | 日よう日(일요일)

어휘 あした(내일)

もんだい3 (　　　　)에 무엇이 들어갑니까? 1·2·3·4에서 가장 알맞은 것을 하나 고르세요.

13 정답 1

다나카 씨가 방에서 기타를 (치고) 있습니다.

해설 힌트가 되는 것은 「ギター」이다. 「ひく」에는 여러 의미가 있는데, '(악기를) 연주하다, 치다'라는 뜻으로도 사용되므로, 1번 ひく(치다)가 답이 된다. 「ギターをひく(기타를 치다)」와 함께 「ピアノをひく(피아노를 치다)」도 함께 기억해 두자.

오답 2 うたう(노래하다), 3 あそぶ(놀다), 4 かく(쓰다)

어휘 へや(방) | ～で(～에서) | ギター(기타) | ～ている(～하고 있다)

---

14 정답 4

더우니까 창문을 (열어) 주세요.

해설 동사 「開ける(열다)」와 함께 사용할 수 있는 단어는 4번 「窓(창문)」뿐이다. 「窓を閉める(창문을 닫다)」도 함께 기억해 두자.

오답 1 かど(모퉁이), 2 なつ(여름), 3 かぜ(바람)

어휘 あつい(덥다) | ～ので(～이니까, ～여서) | あける(열다) | ～てください(～해 주세요)

15 정답 2

이제는 10(킬로) 달렸습니다.

해설 뒤에 「はしる(뛰다, 달리다)」란 동사가 있으니 앞에는 '시간'이나 '거리'에 관한 단어가 나와야 한다. 따라서 정답은 2번 「キロ(킬로)」가 된다.

오답 1 グラム(그램), 3 ばん(~번, 순서), 4 ど(~도, 기온, 온도)

어휘 きのう(어제) | はしる(뛰다, 달리다)

16 정답 1

이번 주는 (눈)이 많이 내렸습니다.

해설 「ふる」는 '하늘에서 눈이나 비가 내리다'라는 의미로, 「あめが ふる(비가 내리다)」 「ゆきが ふる(눈이 내리다)」처럼 사용된다. 따라서 정답은 1번이 된다.

오답 2 はれ(맑음), 3 そら(하늘), 4 くもり(흐림)

어휘 こんしゅう(이번 주) | たくさん(많이) | ふる(내리다)

17 정답 3

저의 가족은 모두 키가 (작습니다).

해설 '키가 크다, 작다'라는 표현은 관용적으로 「背が低い(키가 작다)」, 「背が高い(키가 크다)」로 쓰인다. 자주 출제되는 문제이니 잘 기억해 두자.

오답 1 うすい(얇다), 2 さむい(춥다), 4 つめたい(차갑다)

어휘 わたし(저) | かぞく(가족) | みんな(모두) | せが ひくい(키가 작다)

18 정답 1

남동생은 그림을 (그리는) 것을 좋아합니다.

해설 「かく」는 '글을 쓰다' 또는 '그림을 그리다'는 의미로 쓰인다. 따라서 정답은 1번이 된다.

오답 2 する(하다), 3 とる(잡다, 쥐다), 4 つくる(만들다)

어휘 おとうと(남동생) | え(그림) | ～がすきだ(~을, 를 좋아하다)

(もんだい 4) ＿＿＿의 문장과 대체로 같은 의미의 문장이 있습니다. 1·2·3·4에서 가장 알맞은 것을 하나 고르세요.

19 정답 2

이 소설은 재미없었습니다.

1 이 소설은 쉬웠습니다.
2 이 소설은 재미없었습니다.
3 이 소설은 길지 않았습니다.
4 이 소설은 즐거웠습니다.

해설 포인트는 「つまらない」란 단어로 '재미없다, 따분하다, 시시하다'라는 의미의 단어이다. 선택지 중에 가장 가까운 표현은 2번 「おもしろく ない(재미없다)」이다.

오답 1 やさしい(쉽다), 3 ながい(길다), 4 たのしい(즐겁다)

어휘 この(이) | しょうせつ(소설) | つまらない(재미없다)

20 정답 2

일년 후에 일본에 갑니다.

1 내일 일본에 갑니다.
2 내년 일본에 갑니다.
3 재작년 일본에 갑니다.
4 작년 일본에 갑니다.

해설 「いちねんご(一年後)」는 '일년 후'란 의미로 유의 표현으로 적절한 답은 2번 「らいねん(내년)」이 된다.

오답 1 あした(내일), 3 おととし(재작년), 4 きょねん(작년)

어휘 にほん(일본) | いく(가다)

21 정답 3

매일 옷을 세탁합니다.

1 매일 옷을 겁니다.
2 매일 옷을 꺼냅니다.
3 매일 옷을 빱니다.
4 매일 옷을 삽니다.

해설 「せんたく」는 '세탁'이라는 뜻으로 가장 가까운 유의 표현은 3번 「あらう(씻다, 빨다)」이다.

오답 1 かける(걸다), 2 だす(내다, 꺼내다), 4 かう(사다)

어휘 まいにち(매일) | ふく(옷) | せんたく(세탁)

もんだい1 ( )에 무엇을 넣습니까? 1·2·3·4에서 가장 알맞은 것을 하나 고르세요.

1 정답 3

저는 영화는 별로 (보지 않습니다).

해설 ★あまり+부정형: 별로~하지 않는다

「あまり」 뒤에 '부정형'이 이어지면 '별로 ~하지 않는다'는 의미로, '어떤 정도가 그다지 높지 않다'는 것을 나타내는 문형이 된다. 「とても」 뒤에 긍정형이 올 경우, '대단히, 몹시'란 의미로 '어떤 정도가 상당히 높다'는 의미를 나타낸다. 함께 기억해 두자.

오답 1 みて います(보고 있습니다), 2 みました(봤습니다), 4 みます(보겠습니다)

어휘 わたし(나, 저) | えいが(영화) | あまり(별로, 그다지) | みる(보다)

2 정답 1

학교가 끝나면 친구들(과) 놉니다.

해설 ★조사と: ~와, 과

「あそぶ」는 '놀다'라는 뜻인데, 앞에 「ともだち」가 있으므로 「～とあそぶ(~와 놀다)」가 되어야 자연스럽다.

조사 「～と(~와, 과)」에는 '1. 동작의 상대, 2. 변화의 결과, 3. 인용' 등의 용법이 있는데, 여기에서는 '친구들과 놀다'라는 '공동으로 행하는 동작의 상대'의 용법으로 사용되고 있다. 4번 「～で」는 「部屋で あそぶ(방에서 놀다)」처럼 '~에서'란 뜻이므로 장소가 나올 경우 사용할 수 있다.

오답 2 を(~을), 3 に(~에), 4 で(~에서)

어휘 がっこう(학교) | おわる(끝나다) | ともだち(친구) | あそぶ(놀다)

3 정답 2

이 아파트는 조용하(고) 깨끗합니다.

해설 ★な形容詞だ → で: ~하고, 해서(열거, 이유)

な형용사를 열거할 때에는 「な형용사」의 어간에 「で」를 붙인다. な형용사의 활용은 자주 나오는 문제이므로 잘 정리해 두자.

오답 1 も(~도), 3 の(~의, ~것), 4 が(~이, ~가)

어휘 この(이) | アパート(아파트) | 静かだ(조용하다) | きれいだ(깨끗하다, 예쁘다)

4 정답 3

A "다녀 왔어요"
B "(어서와). 오늘은 빠르네".

해설 ★おかえりなさい: 어서 와, 다녀 오셨어요?

상대가 「ただいま(다녀 왔습니다)」라고 인사를 했을 경우, 일반적으로는 「おかえりなさい(잘 다녀 오셨어요?)」라고 답변을 한다. 따라서 정답은 3번이 된다. 「おかえりなさい」는 외출에서 돌아온 사람을 맞이할 때 사용하는 인사말로, 친근한 관계일 경우에는 「～なさい」를 생략하고 「おかえり」라고 표현하기도 한다. 「いらっしゃい(어서 오세요)」는 '가게 등에서 손님에게 환영의 기분을 담아 인사'하는 표현이다.

오답 1 いらっしゃい(어서 오세요), 2 しつれいします(실례합니다), 4 おねがいします(부탁합니다)

어휘 ただいま(다녀 왔습니다) | きょう(오늘) | 早い(빠르다)

5 정답 3

마에다 "스즈키 씨, 그 스카프 귀엽네요. 어디서 샀어요?"
스즈키 "고맙습니다. 이것은 친구에게 (받았습니다)."

해설 ★もらう: 받다

선택지를 보면 수수동사가 나와 있다. 수수동사 문제를 풀 때는 항상 조사에 주목하기 바란다. 조사는 수수동사 문제를 풀 때 결정적 힌트가 되므로 우선 다음 문형을 기억해 두자.

「～がくれる」 ~가 (나에게) 주다
「～にもらう」 ~에게 받다

문제를 보면 '친구가 주다' 또는 '친구에게 받다'가 되어야 함을 알 수 있는데, 힌트는 바로 앞에 있는 조사 「に」이며 답은 3번이 된다. 1번이 답이 되려면 「ともだちが くれました(친구가 주었습니다)」가 되어야 한다. 수수 동사에 관해서는 다음 기본 문형을 통째로 암기해 두면 좋다.

① 私は Aさんに 本を あげる : 나는 A 씨에게 책을 주다 (「あげる」 '내'가 '남'에게 주다)
② 私は Aさんに 本を もらう : 나는 A 씨에게 책을 받다 (「もらう」 '내'가 '남'에게 받다)
③ Aさんは 私に 本を くれる : A 씨는 나에게 책을 주다 (「くれる」 '남'이 '나'에게 주다)
(②와 ③은 같은 결과이다)

오답 1 くれる(남이 나에게 주다), 2 あげる(주다), 4 くださる(주시다, くれる의 존경어)

어휘 スカーフ(스카프) | かわいい(귀엽다) | どこで(어디에서) | かう(사다) | ともだち(친구)

---

6 정답 4

> 다무라 "그럼 가족 여러분들에게도 (안부 전해)주세요."
> 와타나베 "예, 감사합니다."

해설 ★よろしく つたえる : 안부를 전하다

「よろしく つたえる」는 '안부를 전하다'는 의미의 관용 표현으로, 「宜しく お伝え 下さい」는 보다 더 정중한 표현이다. 따라서 정답은 4번이 된다. 「うまい(솜씨가 좋다)」는 '기교나 기술이 좋다, 능숙하다'는 의미이므로 2번은 정답이 될 수 없다.

오답 1 うまく おしらせ(잘 알려), 2 うまく おつたえ (능숙하게 전해), 3 よろしく おしらせ(잘 알려)

어휘 ご家族(가족분) | みなさま(여러분)

---

7 정답 1

> 리포트는 오늘 (중)으로 내 주세요.

해설 ★今日中 : 오늘 중

「中」은 읽는 법이 다양하며, 음독은 「じゅう・ちゅう」이고 훈독은 「なか」로 읽는다. 「今日中」는 '오늘 중, 오늘 안'이란 뜻이다. 「기간+中(~중)」은 '어떤 기간 중에서도 한정된 시간'을 표현할 때 사용하며, 「기간+中(~중)」은 '그 기간 전체 중에서 언제든지'를 나타낸다. 이 문제에서는 '오늘 중에 언제라도 좋으니 제출하라'는 의미이므로 정답은 1번이다. '오늘 중에'라는 표현은 절대로 「きょうちゅう」라고 읽지 않으니 주의하자.

오답 2 なか(속, 안), 3 ちゅう(~중), 4 X

어휘 レポート(리포트) | 今日(오늘) | だす(내다) | ~てください (~해 주세요)

---

8 정답 3

> 이 사과는 4개(에) 300엔입니다.

해설 ★수량+で : ~에, ~해서

「三つで千円(3개에 천엔)」처럼 수량 뒤에 조사 「で」가 붙으면, '전부 합해서'라는 의미가 되므로, 정답은 3번이 된다. 함께 자주 등장하는 표현 중에 「全部でいくらですか。(전부해서 얼마예요?)」도 알아 두자.

오답 1 が(~이, ~가) 2 と(~와, ~과) 4 を(~를, ~을)

어휘 この(이) | りんご(사과) | よっつ(4개) | ~円(~엔)

---

9 정답 2

> 이   사라 씨, 주말은 항상 무엇을 합니까?
> 사라   저는 (가끔) 공원에서 운동을 합니다.

해설 ★ときどき : 가끔

「いつも(늘, 항상)」라는 빈도 부사를 사용하여 질문하고 있으니 답도 빈도 부사가 나와야 하는데, 선택지 중 빈도 부사는 2번「ときどき(가끔)」뿐이다. 빈도부사는 어떤 일을 얼마나 자주 하는지 빈도를 말할 때 사용하는 부사로, 문제에서는 「いつも(늘, 항상)」이라는 빈도 부사를 사용하여 질문하고 있으므로, 답변도 빈도 부사를 사용하는 것이 자연스럽다.

오답 1 だんだん(점점, 자꾸), 3 すぐに(바로, 곧), 4 とても (매우, 아주)

어휘 週末(주말) | いつも(늘, 항상) | なに(무엇) | ときどき (가끔, 때때로) | こうえん(공원) | ~で(~에서) | うんどう(운동)

もんだい2 ★ 에 들어갈 것은 어느 것입니까? 가장 알맞은 것을 1・2・3・4에서 하나 고르세요.

---

10 정답 2(4-1-3-2)

> 4 ドア   1 を   3 しめる   2 ★のを
> 문   을   닫는   ★것을

해석 어제는 문을 닫는 것을 잊고 자고 말았습니다.

해설 우선 「しめる」는 '닫다'란 뜻을 가진 타동사로 앞에는 목적격 조사 「を」가 와야 하므로 1, 2번이 올 수 있다. 그리고 조사 「を」 앞에는 명사가 와야 하므로, 「しめる(닫다)」를 명사로 만들어주어야 하니 3번+2번이 이어져야 한다. 여기에 4번+1번을 연결하여 '문을 잠그는 것으로' 만들어 주면 자연스러운 문장이 된다. 따라서 나열하면 4-1-3-2가 되고 정답은 2번이다.

어휘 きのう(어제) | ドア(문) | しめる(닫다) | わすれる(잊다) | ねる(자다) | ~てしまう(~하고 말다)

---

11 정답 4(1-4-2-3)

> 1 に　4 ★つくれる　2 料理(りょうり)　3 が
>
> 하게 ★만들 수 있는　요리　가

해석 더욱 간단히 만들 수 있는 요리가 좋습니다.

해설 「명사+がいい/わるい(~가 좋다, 나쁘다)」는 '~이, 가 좋다, 나쁘다'는 뜻이 되므로 2번+1번 「いいです (좋습니다)」가 앞에 온다는 것을 알 수 있다. 또한 「かんたん(간단)」에 「に」를 붙이면 동사를 수식할 수 있는 형태가 되므로, 올바르게 배열하면 1-4-2-3이 되고 정답은 4번이다.

어휘 もっと(더, 더욱) | かんたんに(간단하게) | つくる(만들다) | 料理(りょうり)(요리) | いい(좋다)

12 정답 4(1-2-4-3)

> 1 に　2 コンサート　4 ★を　3 見(み)に
>
> 에　콘서트　★를　보러

해석 "미야모토 씨, 토요일에 콘서트를 보러 가지 않겠습니까?"

해설 「~ませんか(~하지 않을래요?)」는 상대에게 어떤 행동을 같이 하자고 권유하는 표현인데, 선택지에 「見(み)に(보러)」가 있으므로 먼저 3번을 맨 뒤로 보내어 '보러 가지 않겠습니까?'를 만든다. 그리고, '토요일'이 제시되어 있으므로 1번 「に(~에)」가 맨 앞으로 가고, 「見(み)る(보다)」의 목적어는 2번 콘서트이므로 2번+4번을 연결할 수 있다. 따라서, 올바르게 나열하면 1-2-4-3이 되며, 정답은 4번이다.

어휘 土(ど)よう日(び)(토요일) | ~に(~에) | コンサート(콘서트) | 見(み)にく(보러 가다) | ~ませんか(~하지 않을래요?)

13 정답 1 (1-4-2-3)

> 1 ★野球(やきゅう)を　して　4 いました　2 が　3 いまは
>
> ★야구를 하고　있었습니다　만　지금은

해석 A "다나카 씨는 뭔가 스포츠를 하고 있습니까?"
　　 B "학생 때는 야구를 하고 있었습니다만, 지금은 축구를 하고 있습니다."

해설 우선 1번 「野球(やきゅう)をして」에 4번 「いました」를 접속하면 '~하고 있다'는 의미가 되므로 1번+4번 「野球(やきゅう)をしていました(야구를 했습니다)」을 만들 수 있다. 그리고, 1번+4번 뒤에는 「~が(~이지만)」를 배열해 '과거에는 야구를 하고 있었지만 지금은 축구를 하고 있습니다'를 만들어 낼 수 있다. 따라서, 올바르게 나열하면 1-4-2-3이 되고 정답은 1번이다.

어휘 何(なに)か(뭔가) | スポーツ(스포츠) | ~ていますか(~하고 있습니까?) | 学生(がくせい)のとき(학생 때) | 野球(やきゅう)(야구) | ~が(~이지만) | いまは(지금은) | サッカー(축구)

もんだい 3 14 부터 17 에 무엇을 넣습니까? 글의 의미를 생각하여 1 · 2 · 3 · 4에서 가장 알맞은 것을 하나 고르세요.

14~17

야마다 씨와 메리 씨는 내일 자기소개를 합니다. 두 사람은 자기소개를 위해 문장을 썼습니다.

(1) 야마다 씨가 쓴 문장
처음 뵙겠습니다. 저는 야마다입니다.
저는 지금 오사카에 살고 있습니다. 저는 스포츠를 좋아합니다. 주말에는 자주 공원에서 축구를 합니다. 14 그래서 언젠가 축구 시합에 나가고 싶습니다. 여러분도 저와 함께 축구를 15 하지 않겠습니까?

(2) 메리 씨가 쓴 글
처음 뵙겠습니다. 저는 메리입니다.
미국인입니다, 지금 16 은 일본어를 공부하면서, 밤에는 레스토랑에서 아르바이트를 하고 있습니다. 일본어 공부는 즐겁습니다만, 한자 17 암기하는 것이 힘듭니다. 앞으로도 일본에서 일본어를 공부하고 싶습니다.

어휘 あした(내일) | じこしょうかい(자기 소개) | する(하다) | 二人(ふたり)(두 사람) | ~のために(~를 위해) | ぶんしょう(문장) | かく(쓰다) | はじめまして(처음 뵙겠습니다) | わたし(나) | いま(지금) | おおさか(오사카, 지명) | すむ(살다) | スポーツ(스포츠) | すきだ(좋아하다) | しゅうまつ(주말) | よく(자주) | こうえん(공원) | サッカー(축구) | いつか(언젠가) | しあい(시합) | 出(で)る(나가다) | ~たい(~하고 싶다) | みなさん(여러분) | いっしょに(함께) | ~ませんか(~하지 않겠습니까?) | アメリカ人(じん)(미국인) | いまは(지금은) | 日本語(にほんご)(일본어) | べんきょう(공부) | ~ながら(~하면서) | よる(밤) | レストラン(레스토랑) | ~で(~에서) | バイト(아르바이트) | たのしい(즐겁다) | ~が(이지만) | かんじ(한자) | おぼえる(암기하다, 기억하다) | たいへんだ(힘들다) | これからも(앞으로도) | 日本(にほん)(일본)

14 정답 2

1	그래도	2	그러니까
3	그러나	4	아직

해설 야마다 씨는 스포츠를 좋아하며, 주말에는 자주 공원에서 축구를 한다고 말하고 있다. 그리고, 공란 뒤의 문장에서는 언젠가 축구 시합에 나가고 싶다고 했으므로, 두 문장은 '원인과 결과'의 관계라는 것을 알 수 있다. 따라서 정답은 2번이 된다. 참고로 1번「でも(하지만)」와 3번「しかし(하지만)」은 앞 문장과 뒷 문장이 반대, 또는 모순된 관계일 때 사용하는 '역접'의 접속사이며, 4번은 '아직'이라는 의미이다.

15 정답 1

1	하지 않겠습니까	2	했습니까
3	해 보았습니까	4	하고 있었습니까

해설 앞 문장에서 야마다 씨는 축구를 좋아하고, 주말에는 자주 공원에서 축구를 한다는 말을 하고 있다. 따라서, 함께 축구를 하자고 권유하는 표현이 와야 문맥상 자연스러우므로 정답은 1번이다.「~ませんか(~하지 않을래요?)」는 어떤 행위나 동작을 함께 하자고 상대방에게 권유할 때 사용하는 표현이다.

16 정답 3

1	으로	2	에서
3	은	4	과

해설 공란 앞에「いま(지금)」가 있고, 메리 씨는 '일본어를 공부하면서, 밤에는 아르바이트를 하고 있다'고 말하고 있으므로, '지금'을 강조하고 있다는 것을 알 수 있다. 따라서, 정답은 3번「は(은, 는)」이 된다.

17 정답 4

1	가르치는	2	만드는
3	사는	4	암기하는

해설 문맥의 흐름을 보면 메리 씨가 '한자를 암기하다'가 들어가야 자연스럽게 이어지므로 정답은 4번이 된다.

1교시 독해

본책 40 페이지

もんだい4 다음 (1)부터 (2)의 문장을 읽고 질문에 답하세요. 답은 1·2·3·4에서 가장 알맞은 것을 하나 고르세요.

18 정답 2

(1)

달은 밤이 되면 빛납니다. 달에는 다양한 모양이 있습니다. 달의 모양은 매일 바뀝니다. 가는 달은 '초승달', 절반인 달은 '반달', 둥근 달은 '보름달'이라고 합니다.

올바른 것은 어느 것입니까?
1 달은 아침이 되면 빛납니다.
2 절반인 달은 '반달' 입니다.
3 가는 달은 '만월' 입니다.
4 둥근 달은 '초승달' 입니다.

해설 달의 모양에 관한 설명을 하고 있는데「はんぶんの 月は 『はんげつ』(절반인 달은 '반달')」이라고 했으니 정답은 2번이다. 달은 밤이 되면 빛난다고 했으니 1번은 오답이며, 가는 달은 '초승달'이므로 3번도 오답이고, 둥근 달은 '만월'이므로 4번도 오답이다.

어휘 月(달) | よる(밤) | なる(되다) | 光る(빛나다) | いろいろ(여러가지) | かたち(모양) | ある(있다) | まいにち(매일) | かわる(변하다) | ほそい(가늘다) | はんぶん(절반) | まるい(둥글다) | いう(말하다) | あさ(아침)

19 정답 3

(2)

최근에 커피를 마시는 사람이 많아졌습니다. 커피를 마시면 머릿속이 상쾌해집니다. 그렇지만 카페인이 들어있는 커피를 많이 마시면 몸에 나쁘다고 합니다. 커피는 조금만 마십시다.

"커피는 조금만 마십시다"라고 있는데, 왜 이렇게 말했습니까?
1 커피를 마시는 사람이 많아졌기 때문에
2 커피를 마시면 머릿속이 상쾌해지기 때문에
3 카페인은 몸에 나쁘기 때문에
4 카페인은 몸에도 좋기 때문에

해설 처음에는 커피를 마시면 머릿속이 산뜻해진다고 하면서 커피의 좋은 점을 말하고 있는데, 뒷 부분에서는 커피 속에 있는 카페인을 많이 마시면 몸에 좋지 않다고 말하며, 「コーヒーは　すこしだけ　のみましょう(커피는 조금만 마십시다)」라고 했으니 답은 3번이 된다. 1번과 2번은 커피의 최근 경향과 좋은 점에 관한 내용이고, 카페인은 몸에 좋지 않다고 했으므로 4번도 오답이다.

어휘 さいきん(최근) | コーヒー(커피) | のむ(마시다) | 人(사람) | おおい(많다) | ～くなる(~해지다) | あたま(머리) | なか(안, 속) | すっきり(상쾌한 모양) | する(하다) | ですが(하지만) | カフェイン(카페인) | 入る(들어가다) | ～ている(~해 있다) | たくさん(많이) | ～と(~면) | からだ(몸) | わるい(나쁘다) | ～そうだ(동사 기본형 + そうだ, ~라고 한다) | すこし(조금) | ～だけ(~만, ~뿐) | ～ましょう(~합시다)

もんだい5 다음 문장을 읽고 질문에 답하세요. 답은 1·2·3·4에서 가장 알맞은 것을 하나 고르세요.

20~21

저에게는 한국에서 온 친구가 있습니다. 그 친구의 이름은 김승우입니다. 김 씨는 일본어를 매우 잘합니다. ⌐20⌐ 김 씨가 내일 한국으로 돌아가기 때문에, 송별 파티를 열었습니다. 파티에는 저와 김 씨의 친구가 많이 왔습니다. 김 씨는 저에게 "정말 고마워"라고 말했습니다. 저는 매우 기뻤습니다. 파티에서는 다 같이 맛있는 요리를 먹었습니다. 정말 즐거웠습니다. ⌐21⌐ 내일은 김 씨를 배웅하러 다 같이 공항에 갑니다. 매우 쓸쓸합니다.

어휘 わたし(나, 저) | 韓国(한국) | 来る(오다) | ともだち(친구) | その(그) | 名前(이름) | 日本語(일본어) | とても(매우) | 上手だ(능숙하다) | あした(내일) | かえる(돌아가다) | さよなら(송별, 작별) | パーティー(파티) | ひらく(열다) | ～には(~에는) | たくさん(많이) | ほんとうに(정말로) | ありがとう(고마워) | 言う(말하다) | うれしい(기쁘다) | みんなで(다같이) | おいしい(맛있다) | りょうり(요리) | 食べる(먹다) | たのしい(즐겁다) | 見送り(배웅) | くうこう(공항) | 行く(가다) | さびしい(외롭다, 쓸쓸하다) | 自分の国(자기 나라)

---

20 정답 2

왜 김 씨의 송별 파티를 열었습니까?

1 김 씨가 내일 일본에 가기 때문에
2 **김 씨가 내일 자기 나라로 돌아가기 때문에**
3 내가 내일 한국에 가기 때문에
4 파티에서 맛있는 요리를 먹고 싶었기 때문에

해설 김 씨의 송별 파티를 연 결정적 힌트는 바로 앞줄에 나와 있다. 「キムさんは　あした　韓国へ　かえります(김 씨는 내일 한국으로 돌아갑니다)」라고 했으니 정답은 2번이다. 김 씨는 일본에서 한국으로 돌아가는 것이므로 1번은 오답이고, 내일 한국에 가는 사람은 내가 아니므로 3번도 오답이다. 파티에서 모두 함께 맛있는 요리를 먹었다고 했으므로 4번도 오답이다.

---

21 정답 3

이 사람은 무엇을 하러 공항에 갑니까?

1 파티 요리를 만들러 갑니다.
2 파티를 열러 갑니다.
3 **김 씨 배웅하러 갑니다.**
4 맛있는 요리를 먹으러 갑니다.

해설 이 사람이 내일 공항에 가는 이유는 「あしたは　キムさんの　見送りに　みんなで　くうこうへ　行きます(내일은 김 씨를 배웅하러 다 같이 공항에 갑니다)」라고 했으니 정답은 3번이다. 파티 요리를 만들러 가는 것은 아니므로 1번은 오답이고, 파티를 열러 가는 것도 아니니 2번도 오답이다. 맛있는 요리는 파티장에서 먹었으니 4번도 오답이다.

오른쪽 페이지의 시간표를 읽고, 아래 질문에 답하세요. 답은 1·2·3·4에서 가장 알맞은 것을 하나 고르세요.

인형 미술관
인형을 만들어 봅시다

만드는 것	11월 10일	11월 18일	12월 3일	12월 10일
곰 인형	○	×	○	○
개 인형	○	×	○	×
토끼 인형	○	○	×	×
고양이 인형	×	○	×	○

● 요금: 한 개 2,000엔 (곰 인형은 3,000엔입니다)
● 만든 인형을 선물합시다.
　※선물 상자는 하나에 200엔입니다.

어휘 人形(인형) | びじゅつかん(미술관) | 作る(만들다) | ～てみる(~해 보다) | りょうきん(요금) | プレゼント(선물) | くま(곰) | いぬ(개) | うさぎ(토끼) | ねこ(고양이) | はこ(상자) | いく(가다) | すべて(모두, 전부) | ほしい(갖고 싶다) | かかる(들다, 걸리다)

---

22 정답 4

아마노 씨는 12월 3일에 인형 미술관에 갑니다. 그 날 만들 수 있는 모든 인형을 만들고 싶습니다. 상자도 두 개 갖고 싶습니다. 얼마 듭니까?

1　4,000엔
2　4,200엔
3　5,200엔
4　5,400엔

해설 우선 12월 3일에 만들 수 있는 인형은 곰 인형과 개 인형이다. 요금은 원래 2,000엔인데 표 아래를 보면 곰 인형은 3,000엔이라고 쓰여 있으니 인형 가격은 5,000엔이 되고, 여기에 선물 상자 두 개를 구입하면 총액은 5,400엔이 되므로 답은 4번이 된다.

[もんだい1] もんだい１では、 はじめに しつもんを きいて ください。 それから はなしを きいて、 もんだいようしの １から４の なかから、 いちばん いい ものを ひとつ えらんで ください。

れい

八百屋で、男の人と女の人が話しています。女の人は何を買いますか。

F：すみません、このりんごをください。

M：はい、りんごですね。今日は、きゅうりとピーマンが安いですよ。どうですか。

F：そうなんですね。

M：あとは、このトマト、とてもおいしいですよ。

F：そうですか。ピーマンは昨日買ったから、きゅうりと……、あと、トマトが好きなのでトマトも。

M：ありがとうございます。

女の人は何を買いますか。

1

2

3

4

[문제1] 문제 1에서는 처음에 질문을 들으세요. 그리고 이야기를 듣고, 문제용지의 1에서 4 중에서 가장 알맞은 것을 하나 고르세요.

예 정답 3

야채 가게에서 남자와 여자가 이야기하고 있습니다. 여자는 무엇을 삽니까?

F：실례합니다. 이 사과 주세요.

M：네. 사과 말이죠. 오늘은 오이와 피망이 싸요. 어떠세요?

F：그렇군요.

M：그리고 이 토마토, 정말 맛있어요.

F：그래요? 피망은 어제 샀으니까, 오이랑…… 그리고, 토마토 좋아하니까 토마토도.

M：감사합니다.

여자는 무엇을 삽니까?

1

2

3

4

学校で男の人と女の人が話しています。女の人は
パーティーで何を着ますか。

M：あっ、今日は12日ですか？じゃあ来週は、学校のパー
ティーですね。

F：はい。とても楽しみです。けんたさんはパーティーで何
を着ますか？

M：僕はスーツを着ます。グエンさんはベトナムのワンピー
スを着ますよ。

F：そうなんですね！私は着物を着ますが、パクさんは
韓国のスカートだと聞きましたよ。

M：うわ～！じゃあ、パーティーで、いろんな国の服が見ら
れますね！

F：そうですね～！パーティーの日、みんなで写真も撮りま
しょう。

M：おっ、いいですね。撮りましょう！

女の人はパーティーで何を着ますか。

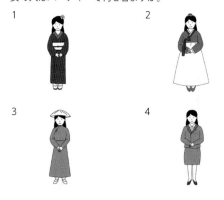

학교에서 남성과 여성이 이야기하고 있습니다. 여성은 파티에 무엇
을 입습니까?

M : 아, 오늘 12일인가요? 그럼, 다음 주는 학교 파티네요.

F : 네. 무척 기대되요. 겐타 씨는 파티에서 무엇을 입을 거예요?

M : 저는 정장을 입을 거예요. 구엔 씨는 베트남의 원피스를 입을
거예요.

F : 그렇군요! 저는 기모노를 입지만, 박 씨는 한국의 치마라고 들
었어요.

M : 우와~! 그럼 파티에서 다양한 나라의 의상을 볼 수 있겠네요!

F : 그렇네요! 파티 날 다 같이 사진 찍어요!

M : 오! 좋네요. 찍어요!

여자는 파티에 무엇을 입습니까?

해설　남자와 여자가 보기의 모든 파티 복장을 언급하고 있기 때문에 누가 어떤 옷에 해당하는 지를 주의해서 들어야 한다. 여자가 먼저 남자인
겐타 씨에게 무슨 옷을 입을 지 질문하고 나서 스스로 「私は着物を着ますが(나는 기모노를 입지만)」라고 이야기한 것을 통해 여자는 1
번 보기인 기모노를 입을 예정이라는 것을 확인할 수 있다. 한국의 스커트를 입는 것은 화자가 아니라 박 씨라는 점에 주의하자.

어휘　学校(학교)｜話す(이야기하다, 말하다)｜～ている(~을 하고 있는)｜パーティー(파티)｜何(뭐, 무엇)｜着る(입다)｜来週(다음 주)
｜楽しみ(동사 楽しむ의 명사형으로 기대, 고대)｜スーツ(양복)｜ベトナム(베트남)｜ワンピース(원피스)｜着物(기모노, 일본의
전통 복장)｜韓国(한국)｜スカート(스커트, 치마)｜聞く(듣다)｜いろんな(여러)｜国(나라)｜服(옷)｜見られる(見る(보다)의 가
능표현)｜写真(사진)｜撮る(찍다)

お店で女の人とお店の人が話しています。女の人は何を買いますか。

F：すみません、この花のハンカチですが、違う色はありますか。

M：いえ、この色だけです。ピアノのハンカチは、色がたくさんありますよ。

F：うーん、母の誕生日プレゼントですから、もっとかわいいハンカチがいいです。

M：では、動物はどうですか。この犬と猫のハンカチは、かわいいですよ。

F：ほんとだ。すてきですね。母は猫が好きですから、これにします。

M：ありがとうございます。

女の人は何を買いますか。

1

2

3

4

가게에서 여자와 가게 직원이 이야기하고 있습니다. 여자는 무엇을 삽니까?

F：실례합니다, 이 꽃무늬 손수건 말입니다만, 다른 색은 있나요?

M：아니요, 이 색뿐입니다. 피아노 무늬 손수건은 색이 많이 있어요.

F：으음, 어머니 생일 선물이니까, 좀 더 귀여운 손수건이 좋아요.

M：그럼, 동물은 어떠신가요? 이 강아지와 고양이 무늬 손수건은 귀여워요.

F：정말이다. 멋지네요. 어머니는 고양이를 좋아하니까 이걸로 할게요.

M：감사합니다.

여자는 무엇을 삽니까?

1

2

3

4

해설 다양한 손수건의 무늬가 등장하지만, 결정적 힌트는 「母は猫が好きですから、これにします(어머니는 고양이를 좋아하니까 이걸로 할게요)」이다. 여기서 「これ(이것)」는 고양이를 가리키는 말이므로 정답은 2번이 된다.

어휘 お店(가게) | 人(사람) | 何(무엇) | 買う(사다, 구매하다) | 花(꽃) | ハンカチ(손수건) | 違う(다르다) | 色(색) | ある(있다) | ～だけ(~뿐) | ピアノ(피아노) | たくさん(많이) | 母(어머니) | もっと(좀 더) | かわいい(귀엽다) | では(그럼) | 動物(동물) | 犬(개) | 猫(고양이) | ほんとだ(정말이다, ほんとうの 음변화) | すてきだ(멋지다) | 好きだ(좋아하다) | これ(이것)

教室で先生が生徒に話しています。生徒は、次、いつ学校に行きますか。

F：皆さん、明日から夏休みですね。夏休みは九月二日までです。次に皆さんが学校に来るのは九月三日です。三日はテストがありますから、夏休みの間、しっかり勉強してくださいね。では、楽しい夏休みにしてください。

生徒は、次、いつ学校に行きますか。

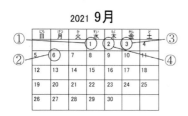

3번 정답 3

교실에서 선생님이 학생에게 이야기하고 있습니다. 학생은 다음에 언제 학교에 갑니까?

F：여러분, 내일부터 여름방학이네요. 여름방학은 9월 2일까지입니다. 다음에 여러분이 학교에 오는 것은 9월 3일입니다. 3일은 시험이 있으니까, 여름방학 동안, 잘 공부해 주세요. 그럼, 즐거운 여름방학을 보내세요.

학생은 다음에 언제 학교에 갑니까?

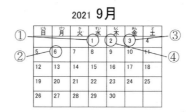

해설 날짜의 읽는 법을 묻는 문제이다. 「次に皆さんが学校に来るのは九月三日です(다음에 여러분이 학교에 오는 것은 9월 3일입니다)」이라고 했으니 답은 3번이다. 일본어 날짜는 혼동하기 쉬우므로 평소에 철저하게 암기해둘 필요가 있다. 1번은 「ついたち(1일)」, 2번은 「むいか(6일)」, 3번은 「みっか(3일)」, 4번은 「ふつか(2일)」이다.

어휘 教室(교실) | 先生(선생님) | 生徒(학생) | 話す(이야기하다) | 次(다음) | いつ(언제) | 学校(학교) | 行く(가다) | 明日(내일) | ~から(~부터) | 夏休み(여름방학) | ~まで(~까지) | 来る(오다) | テスト(시험) | 間(사이) | しっかり(제대로, 잘) | 勉強(공부) | する(하다) | ~てください(~해 주세요) | 楽しい(즐겁다)

4ばん

郵便局で女の人と男の人が話しています。女の人はどれを買いますか。

F：すみません、切手をください。

M：いくらの切手ですか。

F：ええっと、10円切手と1円切手をください。

M：はい、これが10円で、これが1円です。

F：これが1円の切手ですか。1円はうさぎの絵じゃないですか。

M：あー、うさぎのは2円ですよ。

F：分かりました。じゃあ、それを2枚と10円切手3枚ください。

女の人はどれを買いますか。

1

2

3

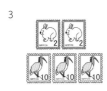

4

우체국에서 여자와 남자가 이야기하고 있습니다. 여자는 어느 것을 삽니까?

F : 실례합니다, 우표를 주세요.

M : 얼마짜리 우표인가요?

F : 으음, 10엔짜리 우표와 1엔짜리 우표를 주세요.

M : 네, 이것이 10엔짜리이고, 이것이 1엔짜리입니다.

F : 이것이 1엔짜리 우표인가요? 1엔짜리는 토끼 그림 아닌가요?

M : 아, 토끼는 2엔이예요.

F : 알겠습니다. 그럼, 그것을 2장과 10엔짜리 우표 3장 주세요.

여자는 어느 것을 삽니까?

1

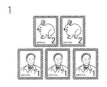

2

3

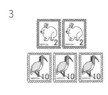

4

해설 '토끼'라는 단어를 몰라도 우표 가격과 몇 장인지, 즉 가격과 단위에 관한 단어를 안다면 정답을 고를 수 있는 문제이다. 여자는 토끼 그림 우표를 사려 하고 있으며, 자신이 1엔짜리 우표인 줄 알고 있던 토끼 그림 우표를 사려고 했다. 하지만 토끼 그림 우표는 1엔이 아니라 2엔이라고 남자가 말하자, 여자는 '그것' 2장을 달라고 했는데, 여자가 말한 '그것'이란 토끼 그림이 그려진 2엔짜리 우표를 가리키고 있으므로, 토끼 그림 2장과 10엔짜리 우표 3장이 있는 3번이 답이다.

어휘 郵便局(우체국) | 話す(이야기하다) | どれ(어느 것) | 買う(사다) | 切手(우표) | ください(주세요) | いくら(얼마) | 円(엔) | これ(이것) | うさぎ(토끼) | 絵(그림) | 分かる(알다, 이해하다) | それ(그것) | 枚(매, 장)

5ばん

教室で女の子と男の子が話しています。男の子はこれから何をしますか。

F：田中くん、これから家の近くの公園で遊びませんか。

M：あ、佐藤さん、今日はちょっと。

F：そうですか。残念。

M：今日は、お母さんとサッカーボールを買いに行くんです。

F：サッカーボール？いいですね。私、サッカーが好きです。今度、一緒にサッカーをしましょう。

M：いいですね。じゃ、明日、一緒にしましょう。

F：はい。

男の子はこれから何をしますか。

1

2

3

4

5번 정답 1

교실에서 여자 아이와 남자 아이가 이야기하고 있습니다. 남자 아이는 이제부터 무엇을 합니까?

F：다나카 군, 지금부터 집 근처 공원에서 놀지 않을래요?

M：아, 사토 씨, 오늘은 조금.

F：그렇군요. 아쉽네요.

M：오늘은 엄마와 축구공을 사러 가요.

F：축구공? 좋네요. 저, 축구 좋아해요. 다음에 같이 축구를 해요.

M：좋아요. 그럼, 내일 같이 해요.

F：네.

남자 아이는 이제부터 무엇을 합니까?

1

2

3

4

해설 여자 아이가 집 근처 공원에서 놀자고 하자, 남자 아이는 「今日はちょっと(오늘은 조금)」, 「今日はお母さんとサッカーボールを買いに行くんです(오늘은 엄마와 축구공을 사러 가요)」라고 했으므로 정답은 1번이다. 같이 축구를 하기로 약속한 것은 오늘이 아닌 내일이니 2번은 오답이다. 남자아이는 같이 공원에서 놀지 않겠냐는 여자아이의 권유에 대해서 "오늘은 조금"이라며 완곡하게 거절했으니 3번도 오답이다. 4번은 본문에서 언급되지 않는 내용이다.

어휘 教室(교실) | これから(이제부터) | 何(무엇) | 家(집) | 近く(근처) | 公園(공원) | 遊ぶ(놀다) | ～ませんか(~하지 않을래요?) | 今日(오늘) | ちょっと(조금, 좀) | 残念(유감스러움, 아쉬움) | お母さん(어머니, 엄마) | サッカーボール(축구공) | 買う(사다) | 行く(가다) | 好きだ(좋아하다) | 今度(다음) | 一緒(같이, 함께) | する(하다) | ～ましょう(~합시다) | 明日(내일)

6ばん

会社で女の人と男の人が話しています。女の人はどの窓を開けますか。

F：おはようございます。

M：あ、田中さん。おはようございます。今日はとても暑いですね。

F：ええ、今日は本当に暑いですね。窓を少し開けますか。

M：そうですね。でも、風が強いと紙が飛ぶので、コピー機のところではなく、傘のところか、木のところの小さい窓を開けましょう。

F：小さいほうですか。机の後ろにある、大きいほうの窓を少し開けるのはどうですか。

M：はい、いいですよ。

女の人はどの窓を開けますか。

회사에서 여자와 남자가 이야기하고 있습니다. 남자는 어느 창을 엽니까?

F : 안녕하세요.

M : 아, 다나카 씨. 안녕하세요. 오늘은 매우 덥네요.

F : 예, 오늘은 정말 덥네요. 창문을 조금 열까요?

M : 그렇네요. 하지만, 바람이 세면 종이가 날아가기 때문에, 복사기 있는 곳이 아니라 우산 있는 곳이나, 나무 있는 곳의 작은 창문을 엽시다.

F : 작은 쪽이요? 책상 뒤에 있는 큰 창문을 조금 여는 건 어떨까요?

M : 네, 좋아요.

여자는 어느 창문을 엽니까?

해설 총 4개 있는 창문 중 어느 창문을 열 것인가에 관해 여자와 남자가 서로 의견을 나누고 있다. 대화 내용을 잘 따라가 보면, 남자는 '1번이나 4번'이 어떠냐고 했고, 여성은 「机の後ろにある、大きいほうの窓を少し開けるのはどうですか(책상 뒤에 있는 큰 창문을 조금 여는 건 어떨까요?)」라며 '3번'을 제안을 하고 있다. 남자는 이 말에 "네, 좋아요"라며 동의하였으니 답은 3번이 된다.

어휘 会社(회사) | どの(어느) | 窓(창문) | 開ける(열다) | 今日(오늘) | とても(매우) | 暑い(덥다) | 本当に(정말, 정말로) | 少し(조금) | 風(바람) | 強い(강하다) | 紙(종이) | 飛ぶ(날다) | ～ので(~때문에) | コピー機(복사기) | ところ(곳, 장소) | ～ではなく(~가 아니라) | 傘(우산) | 木(나무) | 小さい(작다) | ～ましょう(~합시다) | ほう(쪽, 방향) | 机(책상) | 後ろ(뒤, 뒤쪽) | 大きい(크다)

女の人と男の人が話しています。女の人はこれからどの番号に電話しますか。

F：山本さん、明日行くレストラン「さくら」の電話番号を知っていますか。

M：はい、ちょっと待ってくださいね。あ、あった。えーっと、045－5156－……（ゼロヨンゴーのゴーイチゴーロクの）

F：すみません、もう少しゆっくりお願いします。045のあとは…？

M：5156－8793ですよ。

F：えっと、5156－8794ですか。

M：いえ、8793。4じゃなくて3です。

F：ああ、すみません。ありがとうございます。

女の人はこれからどの番号に電話しますか。

1　045－5155－8793
2　045－5155－8794
3　045－5156－8793
4　045－5156－8794

여자와 남자가 이야기하고 있습니다. 여자는 이제부터 어느 번호로 전화를 합니까?

F：야마모토 씨, 내일 가는 레스토랑 '사쿠라'의 전화번호 알고 있습니까?

M：네, 조금만 기다려주세요. 아, 있다. 음, 045－5156－……

F：죄송합니다, 조금 더 천천히 부탁드리겠습니다. 045 다음은…?

M：5156－8793입니다.

F：음, 5156－8794입니까?

M：아니요, 8793. 4이 아니라 3입니다.

F：아아, 죄송합니다. 감사합니다.

여성은 이제부터 어느 번호를 전화를 합니까?

1　045－5155－8793
2　045－5155－8794
3　045－5156－8793
4　045－5156－8794

해설　여자는 남자에게 전화번호를 묻고 있다. 이 문제와 같이 전화번호, 화폐, 주소 등과 같은 연속된 정보가 주어지는 문제의 경우 메모를 하면서 들으면 정답을 찾는 데에 도움이 된다. 후반부에서 전화번호 뒷자리 부분에 대해 여자가 「5156－8794ですか(5156-8794입니까?)」라고 묻자, 이에 대해 남자가 마지막 번호를 「8793。4じゃなくて3です(8793. 4가 아니라 3입니다)」라고 정정하고 있기 때문에, 선택지 3번이 정답이 된다.

어휘　電話番号(전화번호) | 明日(내일) | 行く(가다) | レストラン(레스토랑) | 知る(알다) | ちょっと(조금, 약간) | 待つ(기다리다) | ~てください(~해 주세요) | ~ね(~이네요, 이군요, 종조사, 완곡한 표현, 확인 혹은 동의요청) | えーっと(어, 그러니까) | お願いする(부탁하다) | ありがとうございます(고맙습니다) | 電話する(전화하다, 전화 걸다)

もんだい2 もんだい2では、はじめに しつもんを きいて ください。 それから はなしを きいて、 もんだいようしの 1から4の なかから、いちばん いい ものを ひとつ えらんで ください。

れい

男の人と女の人が話しています。二人は東京駅まで何で行きますか。

M：東京駅まで何で行きますか。
F：電車はどうですか。
M：うーん、でも、タクシーがもっと速いです。
F：今日は、車が多いですから、タクシーは……。
M：では、バスも同じですね。
F：はい。

二人は東京駅まで何で行きますか。

1　くるま
2　でんしゃ
3　タクシー
4　バス

문제 2 문제2에서는 처음에 질문을 들으세요. 그리고 이야기를 듣고, 문제 용지의 1에서 4 중에서 가장 알맞은 것을 하나 고르세요.

예 정답 2

남자와 여자가 이야기하고 있습니다. 두 사람은 도쿄역까지 무엇으로 갑니까?

M : 도쿄역까지 무엇으로 갑니까?
F : 전철은 어떤가요?
M : 으음, 하지만, 택시가 더 빨라요.
F : 오늘은 차가 많으니까, 택시는……
M : 그럼, 버스도 똑같네요.
F : 네.

두 사람은 도쿄역까지 무엇으로 갑니까?

1　자동차
2　전철
3　택시
4　버스

駅で女の人と男の人が話しています。女の人の傘はどれですか。

F：あのう、すみません、昨日、駅のトイレに傘の忘れ物を
　　しました。
M：傘ですか。何色の傘ですか。
F：黒い傘です。
M：少しお待ちくださいね。あ、これでしょうか。
F：いいえ。大きい白い花の絵がある傘ですが、ありません
　　か。
M：あっ、それならこっちのほうに。これですよね。
F：あ、そうです、そうです。ありがとうございます。

女の人の傘はどれですか。

1

2

3

4

1번 정답 4

역에서 여자와 남자가 이야기하고 있습니다. 여자의 우산은 어느
것입니까?

F：저기, 죄송합니다. 어제 역 화장실에 우산을 잃어버렸어요.

M：우산이요? 무슨 색 우산인가요?

F：검은색 우산입니다.

M：잠시만 기다려 주세요. 아, 이건가요?

F：아뇨. 큰 하얀 꽃 그림이 있는 우산인데, 없나요?

M：아, 그거라면 이쪽에. 이거죠?

F：아, 맞아요, 맞아요. 감사합니다.

여자의 우산은 어느 것입니까?

1

2

3

4

해설 「黒」나 「白」등 색깔을 나타내는 단어에 관한 문제이다. 색깔과 관련된 문제도 자주 출제되니, 잘 정리해 두자. 여성은 「大きい白い花の絵がある傘 (크고 하얀 꽃 그림이 있는 우산)」이라고 했으니 정답은 4번이다.

어휘 駅(역) | 傘(우산) | どれ(어느 것) | 昨日(어제) | トイレ(화장실) | 忘れ物(두고 온 물건) | 何色(무슨 색) | 黒い(검다) | 少し(조금) | 待つ(기다리다) | これ(이것) | 大きい(크다) | 白い(희다) | 花(꽃) | 絵(그림) | ある(있다) | それ(그것) | ～なら(~라면) | こっち(이쪽) | ほう(쪽, 방향) | そうだ(그렇다)

2ばん

お店で女の人と男の人が話しています。男の人はどんなところから来ましたか。

F：チャイさんはどこの国から来ましたか。

M：タイです。タイのバンコクから来ました。

F：へえ。バンコクはどんなところですか。

M：バンコクは、お寺がたくさんあって、にぎやかなところです。

F：そうなんですね。タイは東京よりも暑いですか。

M：はい、タイはとても暑いです。寒い日はほとんどありません。

F：え、そうなんですか。知りませんでした。

男の人はどんなところから来ましたか。

1　おてらが　たくさん　ある　ところ

2　さむくて　にぎやかな　ところ

3　おてらが　あって　しずかな　ところ

4　あつくて　しずかな　ところ

2번 정답 1

가게에서 여자와 남자가 이야기하고 있습니다. 남자는 어떤 곳에서 왔습니까?

F : 차이 씨는 어느 나라에서 왔어요?

M : 태국입니다. 태국 방콕에서 왔어요.

F : 와~ 방콕은 어떤 곳입니까?

M : 방콕은 절이 많이 있고, 번화한 곳입니다.

F : 그렇군요. 태국은 도쿄보다 더워요?

M : 네, 태국은 매우 덥습니다. 추운 날은 거의 없어요.

F : 아, 그래요? 몰랐어요.

남자는 어떤 곳에서 왔습니까?

1　절이 많이 있는 곳

2　춥고 번화한 곳

3　절이 있고 조용한 곳

4　덥고 조용한 곳

해설 여자는 남자의 출신을 묻고 있다. 우선 남자는 자신이 「タイのバンコク(태국 방콕)」에서 왔다고 말하고 있다. 그리고 남자가 「寒い日はほとんどありません(추운 날은 거의 없습니다)」와 같이 말한 것을 힌트로 선택지 2번과 같이 추운 곳은 우선 정답에서 제외할 수 있다. 또한 남자는 「お寺がたくさんあって、にぎやかなところです(절이 많고 번화한 곳입니다)」이라고 말하고 있기 때문에 번화한 곳이라는 것이 가장 중요한 힌트가 된다. 따라서 조용한 곳이라는 보기 3번과 4번을 제외하면 보기 1번이 정답이 된다.

어휘 お店(가게, 상점) | どんな(어떠한) | ところ(곳) | ~から(~부터) | 来る(오다) | どこ(어디) | 国(나라) | タイ(태국) | バンコク(방콕) | お寺(절, 사찰) | たくさん(많이) | にぎやかだ(번화한, 소란스러운) | 東京(도쿄) | ~より(~보다) | 暑い(더운) | 寒い(추운) | 日(날) | ほとんど~ない(거의 ~하지 않다) | 知る(알다)

教室で女の生徒と男の生徒が話しています。男の生徒は今、誰と住んでいますか。

F：おはよう、井上さん。昨日、本屋で井上さんを見ましたよ。おじいさんといましたね。

M：え、佐藤さんも本屋にいましたか。知りませんでした。昨日は、新しい英語の辞書が欲しくて本屋に行きました。

F：そうだったんですね。井上さんはおじいさんと住んでいますか。

M：はい、おじいちゃんとおばあちゃん、そして妹と暮らしています。

F：そうですか。お父さんとお母さんは、お仕事ですか。

M：はい、今は仕事でアメリカにいます。でも来月、日本に帰ってきますよ。

F：それはよかったですね。

男の生徒は今、誰と住んでいますか。

1

2

3

4

3번 정답 2

교실에서 여학생과 남학생이 이야기하고 있습니다. 남학생은 지금 누구와 살고 있습니까?

F : 안녕하세요, 이노우에 씨. 어제, 서점에서 이노우에 씨를 봤어요. 할아버지와 함께 있었죠?

M : 어, 사토 씨도 서점에 있었나요? 몰랐어요. 어제는 새 영어 사전을 갖고 싶어서 서점에 갔어요.

F : 그랬군요. 이노우에 씨는 할아버지와 함께 살고 있나요?

M : 네, 할아버지와 할머니, 그리고 여동생과 살고 있어요.

F : 그렇군요. 아버지와 어머니는 일을 하시나요?

M : 네, 지금은 일 때문에 미국에 계세요. 하지만 다음 달, 일본에 돌아오세요.

F : 그거 잘됐네요.

남학생은 지금 누구와 살고 있습니까?

1

2

3

4

해설 할아버지와 살고 있냐는 여학생의 말에 남학생은 「おじいちゃんとおばあちゃん、そして妹と暮らしています(할아버지와 할머니, 그리고 여동생과 살고 있어요)」라고 했으니 정답은 2번이다. 가족을 나타내는 어휘는 잘 기억해 두어야 한다. 남학생은 부모님이 다음 달에 돌아오신다고 했으니 현재 같이 사는 가족은 아니다.

어휘 教室(교실) | 誰(누구) | 住む(살다) | ~ている(~하고 있다) | 昨日(어제) | 本屋(서점) | おじいさん(할아버지) | いる(있다) | 知る(알다) | 新しい(새롭다) | 英語(영어) | 辞書(사전) | 欲しい(갖고 싶다) | 行く(가다) | おばあちゃん(할머니) | そして(그리고) | 妹(여동생) | 暮らす(살다) | お父さん(아버지) | お母さん(어머니) | 仕事(일) | アメリカ(미국) | 来月(다음 달) | 帰る(돌아가다, 돌아오다) | ~てくる(~하고 오다)

会社で男の人と女の人が話しています。二人は明日、何をしますか。

M：鈴木さん、明日は忙しいですか。久しぶりに犬のランに会いたいです。

F：明日ですか。午前は図書館に行きますが、午後は大丈夫ですよ。

M：本当ですか。

F：はい。午後に、ランと一緒に散歩に行きましょう。

M：うわあ、楽しみです。じゃあ、ランが好きな犬のお菓子を買っていきますね。

F：わー、ありがとうございます。ランも喜びます。

M：それじゃ、また明日。

二人は明日、何をしますか。

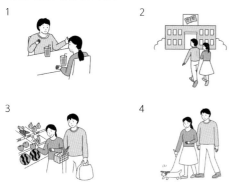

회사에서 남자와 여자가 이야기하고 있습니다. 두 사람은 내일 무엇을 합니까?

M : 스즈키 씨, 내일은 바쁘세요? 오랜만에 강아지 런을 만나고 싶어요.

F : 내일이요? 오전에는 도서관에 가지만, 오후는 괜찮아요.

M : 정말이에요?

F : 네. 오후에, 런과 함께 산책하러 갑시다.

M : 우와, 기대돼요. 그럼, 런이 좋아하는 강아지 과자를 사 갈게요.

F : 우와, 감사합니다. 런도 좋아할 거예요.

M : 그럼, 내일 봐요.

두 사람은 내일 무엇을 합니까?

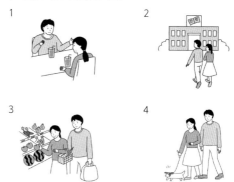

해설 여자가 「ランと一緒に散歩に行きましょう(런과 함께 산책하러 갑시다)」라고 제안하자, 남자도 기대된다며 동의하고 있으므로 답은 4번이다.

어휘 会社(회사) | 明日(내일) | する(하다) | 忙しい(바쁘다) | 久しぶり(오랜만) | 犬(개) | 会う(만나다) | ~たい(~하고 싶다) | 午前(오전) | 図書館(도서관) | 行く(가다) | 午後(오후) | 大丈夫だ(괜찮다) | 本当(정말) | 一緒に (같이, 함께) | 散歩(산책) | ~ましょう(~합시다) | 楽しみ(기대, 즐거움) | 好き(좋아함) | お菓子(과자) | 買う(사다) | ~ていく(~해 가다) | 喜ぶ(기뻐하다, 좋아하다)

女の人と男の人が話しています。男の人は、背の高い男の子といつから友達ですか。

F：山本さん、それ、何の写真ですか。

M：高校生のときに友達と撮った写真です。

F：わあ、みんなかっこいいですね。真ん中にいる男の子は、すごく背が高いですね。

M：はい、南くんは高校生のときから、すごく背が高いです。彼は小学生のときからの友達です。

F：へえ、そうなんですね。この黒い服の人も小学生の時からの友達ですか。

M：いいえ、その人は中学校で友達になりました。

F：そうですか。すてきな写真ですね。

M：はい。みんな違う大学に行きましたが、今でも一番の友達です。

男の人は、背の高い男の子といつから友達ですか。

1　しょうがくせいの　ときから

2　ちゅうがくせいの　ときから

3　こうこうせいの　ときから

4　だいがくせいの　ときから

여자와 남자가 이야기하고 있습니다. 남자는 키가 큰 남자와 언제부터 친구입니까?

F : 야마모토 씨, 그거 무슨 사진이에요?

M : 고등학생 때 친구랑 찍은 사진이에요.

F : 와~, 다들 멋지네요. 제일 가운데 있는 남성은 엄청 키가 크네요.

M : 네, 미나미 군은 고등학생 때부터 엄청 키가 커요. 그는 초등학생 때부터 친구에요.

F : 우와, 그렇군요. 이 검정 옷 입은 사람도 초등학생 때부터 친구에요?

M : 아니요, 그 사람은 중학교에서 친구가 되었어요.

F : 그래요? 멋진 사진이네요.

M : 네. 다들 다른 대학에 갔지만, 지금도 최고의 친구에요.

남자는 키가 큰 남성과 언제부터 친구입니까?

1　초등학생 때부터

2　중학생 때부터

3　고등학생 때부터

4　대학생 때부터

해설 사진에 등장하는 인물이 언제부터 친구였는가를 묻는 질문으로, 「~から(~부터)」라는 표현도 자주 나오기 때문에 주의해서 암기해 두자. 키가 큰 남성의 이름은 미나미 군이며, 고등학생 때부터 키가 크지만, 친구가 된 것은 「小学生のときからの友達(초등학교 때부터 친구)」라는 것을 통해 보기 1번 초등학생 때부터 라는 것을 알 수 있다.

어휘 背(키) | 高い(높은, 비싼) | 背が高い(키가 큰) | 男の子(남자 아이) | 友達(친구) | 写真(사진) | 高校生(고등학생) | ~とき(~때) | 撮る(사진 등을 찍다) | 写真(사진) | みんな(모두) | かっこいい(멋있는) | 真ん中(한 가운데) | いる(있다) | すごく(매우) | 彼(그) | 小学生(초등학교) | 黒い(검은) | 服(옷) | 中学校(중학교) | 友達(친구) | 違う(다른) | 大学(대학) | 行く(가다, 진학하다) | 一番(가장, 최고, 1번)

会社で女の人と男の人が話しています。二人はどこで昼ごはんを食べますか。

F：あー、おなかすいた。田中さん、お昼ごはん、一緒に食べませんか。

M：ええ、何を食べましょうか。

F：会社の食堂に行きませんか。

M：今日は土曜日だから、会社の食堂はお休みですよ。

F：あ、そうでした。じゃあ、外のレストランに行きましょうか。

M：土曜日は人が多いですから、駅の近くの店でパンを買って、会社で食べませんか。あそこのパン、とてもおいしいですよ。

F：あー、いいですね。

二人はどこで昼ごはんを食べますか。

1　レストラン

2　パンや

3　しょくどう

4　かいしゃ

회사에서 여자와 남자가 이야기하고 있습니다. 두 사람은 어디서 점심을 먹습니까?

F : 아~, 배고프다. 다나카 씨, 점심 같이 드시지 않을래요?

M : 네, 무엇을 먹을까요?

F : 회사 식당에 가지 않을래요?

M : 오늘은 토요일이니까 회사 식당은 쉬어요.

F : 아, 그렇죠. 그럼, 바깥 레스토랑에 갈까요?

M : 토요일은 사람이 많으니까, 역 근처 가게에서 빵을 사서 회사에서 먹지 않을래요? 거기 빵 정말 맛있어요.

F : 아, 좋아요.

두 사람은 어디서 점심을 먹습니까?

1　레스토랑

2　빵 가게

3　식당

4　회사

해설 회사 식당은 토요일이라 쉬는 날이고, 레스토랑은 토요일에는 사람이 많아서 싫다고 하며, 「駅の近くの店でパンを買って、会社で食べませんか(역 근처 가게에서 빵을 사서, 회사에서 먹지 않을래요?)」라고 했으니 답은 4번이 된다. 빵 가게에서 빵을 사지만 먹는 장소는 회사이지 빵가게가 아니다.

어휘 会社(회사) | どこ(어디) | 昼ごはん(점심) | 食べる(먹다) | 一緒(함께, 같이) | ～ませんか(~하지 않겠습니까) | 食堂(식당) | 行く(가다) | 今日(오늘) | 土曜日(토요일) | 休み(쉼, 휴일) | じゃあ(그럼) | 外(밖) | レストラン(레스토랑) | 土曜日(토요일) | 人(사람) | 多い(많다) | 駅(역) | 近く(근처) | 店(가게) | パン(빵) | 買う(사다) | あそこ(거기) | とても(정말) | おいしい(맛있다) | パンや(빵 가게)

もんだい3 もんだい3では、えを みながら しつもんを きいて ください。➡ (やじるし)の ひとは なんと いいますか。 1から3の なかから、いちばん いい ものを ひとつ えらんで ください。

문제3 문제3에서는 그림을 보면서 질문을 들으세요. ➡ (화살표)의 사람은 뭐라고 말합니까? 1에서 3 중에서 가장 알맞은 것을 하나 고르세요.

れい

お店にお客さんが入ってきました。何と言いますか。

F：1　いらっしゃいませ。
　　2　ありがとうございました。
　　3　いってらっしゃい。

예 정답 1

가게에 손님이 들어왔습니다. 뭐라고 말합니까?

F：1　어서오세요.
　　2　감사했습니다.
　　3　다녀오세요.

1ばん

家に帰ってきました。何と言いますか。

F：1　おかえり。
　　2　こんにちは。
　　3　ただいま。

1번 정답 3

집에 돌아왔습니다. 뭐라고 말합니까?

F：1　어서 와.
　　2　안녕하세요.
　　3　다녀왔습니다.

해설 집뿐만 아니라 회사에서도 외출에서 돌아왔을 때에도 사용하는 표현으로 답은 3번이 된다. 1번은 집에서 맞이하는 사람, 여기서는 어머니가 하는 말이고, 2번은 일상에서 사용하는 낮 인사이고, 집에 돌아왔을 때 가족에게 쓰는 인사말이 아니다.

어휘 家(집) | 帰る(돌아가다, 돌아오다) | ～てくる(~해 오다) | おかえり(어서 와) | こんにちは(안녕하세요) | ただいま(다녀왔습니다)

2ばん

友達（ともだち）の具合（ぐあい）が悪（わる）そうです。何（なん）と言（い）いますか。

F：1　おなかが痛（いた）いです。

　　2　大丈夫（だいじょうぶ）ですか。

　　3　ごめんなさい。

[2번] 정답 2

친구의 몸이 안 좋아 보입니다. 뭐라고 말합니까?

F：1　배가 아파요.

　　2　괜찮으세요?

　　3　미안해요.

해설　친구가 몸이 아파 보인다면 당연히 걱정하면서 2번 표현을 써서 "괜찮냐?"고 상태를 물어볼 것이므로 정답은 2번이 된다. 1번은 아픈 사람이 하는 말이고, 3번은 미안하다고 사과할 상황이 아니므로 답이 될 수 없다.

어휘　友達（ともだち）(친구) | 具合（ぐあい）(상태) | 悪（わる）い(나쁘다) | ～そうだ(~일 것 같다) | 言（い）う(말하다) | 痛（いた）い(아프다) | おなか(배) | 大丈夫（だいじょうぶ）だ(괜찮다) | ごめんなさい(미안해요)

3ばん

電車（でんしゃ）におばあさんが乗（の）っています。何（なん）と言（い）いますか。

M：1　こちらへようこそ。

　　2　これはどうですか。

　　3　こちらへどうぞ。

[3번] 정답 3

전철에 할머니가 타셨습니다. 뭐라고 말합니까?

M：1　이 곳에 오신 것을 환영합니다.

　　2　이건 어떠세요?

　　3　이쪽에 앉으세요.

해설　할머니가 타셨다면 당연히 자리를 양보해야 할 것이고, 양보하면서 사용하는 표현은 3번이 된다. 1번은 오신 것을 환영한다는 뜻이지 자리를 양보하는 표현이 아니다. 2번은 상대의 의향을 묻는 표현이지만 이 상황에서는 맥락에 맞지 않는 내용이다.

어휘　電車（でんしゃ）(전철) | おばあさん(할머니) | 乗（の）る(타다) | ～ている(~해 있다, ~인 상태이다) | こちら(이 쪽) | ～へ(~에, ~으로) | ようこそ(환영합니다) | これ(이것) | どうですか(어떠세요?) | どうぞ(상대방에게 권하는 표현)

4ばん

飛行機の中で、飲み物を出しています。何と言いますか。

M：1 コーヒーをもう一杯いかがですか。

2 お茶をもらえますか。

3 オレンジジュースをあげましょう。

4번 정답 1

비행기 안에서 음료를 주고 있습니다. 뭐라고 말합니까?

M：1 커피 한잔 더 어떠십니까?

2 차를 주실 수 있나요?

3 오렌지 주스를 줄게요.

해설 음료를 권하는 표현은 1번뿐인데「どうですか(어떠십니까?)」의 정중한 표현인「いかがですか(어떠십니까?)」표현을 꼭 기억해 두자. 2번은 받는 손님이 하는 말이므로 답이 될 수 없다. 3번의「あげましょう」는 마치 혜택을 베푸는 듯한 말투로 비행기 승무원이 손님에게 사용할 수 있는 표현이 아니다.

어휘 飛行機(비행기) | 中(안, 속) | 飲み物(음료) | 出す(내다, 제공하다) | 言う(말하다) | コーヒー(커피) | 一杯(한 잔) | いかがですか (어떠십니까?) | お茶(차) | もらう(받다) | オレンジジュース(오렌지 주스) | あげる(주다)

5ばん

約束の時間に遅れました。何と言いますか。

F：1 遅くなったね。

2 約束が遅いんだよ。

3 遅れてごめんね。

5번 정답 3

약속 시간에 늦었습니다. 뭐라고 말합니까?

F：1 늦어졌네.

2 약속이 늦다고.

3 늦어서 미안해.

해설 약속 시간에 늦었다면 당연히 늦은 것에 대한 사과부터 해야 할 것이므로 답은 3번이다. 1번은 단순히 '좀 늦었다'라고 보고하는 표현으로, 상대에게 실례가 되어 사용할 수 없다. 늦은 것은 여자인데 약속이 늦었다고 하는 2번은 상황에 맞지 않는다.

어휘 約束(약속) | 時間(시간) | 遅れる(늦다) | 言う(말하다) | 遅い(늦다) | 約束(약속) | ごめんね(미안해)

もんだい4　もんだい4では、えなどが　ありません。ぶんを　きいて、1から　3のなかから、いちばん　いい　ものを　ひとつ　えらんでください。	문제4　문제4에서는 그림 등이 없습니다. 문장을 듣고, 1에서 3 중에서 가장 알맞은 것을 하나 고르세요.

れい

F：山本さん、先生の電話番号を知っていますか。

M：1　いいえ、もちろんです。
　　2　はい、少しだけ知っています。
　　3　いいえ、分かりません。

예　정답 3

F：야마모토 씨, 선생님의 전화번호를 알고 있나요?

M：1　아니요, 물론이죠.
　　2　네, 조금만 알고 있어요.
　　3　아뇨, 모르겠어요.

1ばん

M：どこで先生に会いますか。

F：1　いつも会います。
　　2　駅前で会います。
　　3　公園で会いました。

1번　정답 2

M：어디에서 선생님을 만납니까?

F：1　항상 만납니다.
　　2　역 앞에서 만납니다.
　　3　공원에서 만났습니다.

해설　포인트는 「どこで(어디에서)」이므로 대답은 장소가 나와야 하니 답은 2번이다. 1번은 만나는 빈도를 물었을 때의 반응이고, 3번은 시제가 과거형이므로 답이 될 수 없다.

어휘　どこ(어디)｜先生(선생님)｜会う(만나다)｜いつも(언제나)｜駅前(역 앞)｜公園(공원)

2ばん

F：みかさんは英語が上手ですか。

M：1　はい。みかさんが英語を勉強します。
　　2　はい。みかさんは英語を上手に話せます。
　　3　いいえ。みかさんは韓国語も上手でした。

2번　정답 2

F：미카 씨는 영어를 잘 하시나요?

M：1　네. 미카 씨가 영어를 공부합니다.
　　2　네. 미카 씨는 영어를 잘 말할 수 있습니다.
　　3　아뇨. 미카 씨는 한국어도 잘 했습니다.

해설　질문에서 미카 씨가 영어를 잘 하는지 묻고 있는데, 이에 대한 가장 적절한 반응은 2번이다. 1번은 '누가' 영어공부를 할 것이냐는 질문에 맞는 반응이고, 영어를 잘 하냐고 물었는데 한국어도 잘했다는 반응은 맞지 않는다.

어휘　英語(영어)｜上手だ(잘한다, 능숙하다)｜勉強(공부)｜話す(이야기하다)｜韓国語(한국어)｜〜も(〜도)

3ばん

M：あの人の名前は何ですか。

F：1　あの人は私の妹です。
　　2　あの人はトムさんと話しています。
　　3　あの人は田中さんです。

3번 **정답** 3

M：저 사람의 이름은 무엇입니까?

F：1　저 사람은 제 여동생입니다.
　　2　저 사람은 톰 씨와 이야기하고 있습니다.
　　3　저 사람은 다나카 씨입니다.

해설 남자가 궁금해하는 점은 '저 사람의 이름'이므로 3번이 가장 맞는 대답이다. 이름을 물었는데 여동생이라고 대답한 1번은 오답이고, 2번은 질문과 전혀 맞지 않는 내용이다.

어휘 あの(저) | 人(사람) | 名前(이름) | 私(나) | 妹(여동생) | 話す(이야기하다) | ～ている(~하고 있다)

4ばん

F：鈴木さん、この写真はいつ撮りましたか。

M：1　3年間です。
　　2　去年の夏休みです。
　　3　次の週末です。

4번 **정답** 2

F：스즈키 씨, 이 사진은 언제 찍었습니까?

M：1　3년 동안입니다.
　　2　작년 여름방학입니다.
　　3　다음 주말입니다.

해설 질문의 포인트는 이 사진을 「いつ(언제)」 찍었냐, 즉 찍은 시기를 묻고 있으므로 가장 적절한 반응은 2번이다. 1번은 기간을 물어볼 때 사용하는 표현이다. 질문은 「撮りましたか(찍었습니까?)」라는 과거 시제인데 3번은 시제가 미래로 되어 있으므로 답이 될 수 없다.

어휘 この(이) | 写真(사진) | いつ(언제) | 撮る(찍다) | 3年間(3년 동안) | 去年(작년) | 夏休み(여름방학) | 次(다음) | 週末(주말)

5ばん

M：なぜこの本はおもしろいですか。

F：1　絵がたくさんあるからです。
　　2　いつも本を読みます。
　　3　おもしろい本がありました。

5번 **정답** 1

M：왜 이 책이 재미있습니까?

F：1　그림이 많이 있기 때문입니다.
　　2　항상 책을 읽습니다.
　　3　재미있는 책이 있었습니다.

해설 왜 이 책이 재미있냐고 이유를 묻고 있다. 따라서 이유를 뜻하는 「～から」를 사용하여 이유를 설명하고 있는 1번이 가장 적절한 반응이다. 2번은 책 읽는 빈도에 대한 대답이며, 3번은 비록 「おもしろい(재미있다)」는 있지만 질문과 전혀 맞지 않는 대답이다.

어휘 なぜ(왜, 어째서) | 本(책) | おもしろい(재미있다) | 絵(그림) | たくさん(많이) | ある(있다) | ～から(~이므로) | いつも(항상, 늘) | 読む(읽다)

6ばん

F：会議はいつからですか。

M：1　午後からになりました。

2　30分で終わります。

3　10時までです。

6번　정답 1

F：회의는 언제부터입니까?

M：1　오후부터 입니다.

2　30분이면 끝납니다.

3　10시까지입니다.

해설 질문의 핵심은 회의가 「いつから(언제부터)」냐는 표현이다. 따라서 대답은 회의가 언제부터 시작되는지에 대한 표현이 와야 하므로 「~から(~부터)」를 사용한 1번이 답이 된다. 2번, 3번은 구체적인 시간은 들어가 있지만 맥락이 전혀 맞지 않는 표현들이라 답이 될 수 없다. 2번은 회의시간이 어느 정도 걸리겠냐는 질문에 대한 반응이고, 3번은 회의가 언제까지냐고 질문했을 때 나올 수 있는 반응이다.

어휘 会議(회의)｜いつ(언제)｜~から(~부터)｜午後(오후)｜~になる(~가 되다)｜終わる(끝나다)｜~まで(~까지)

언어지식(문자·어휘)

もんだい1		もんだい4	
1	1	19	2
2	3	20	4
3	3	21	3
4	4		
5	2		
6	1		
7	3		
もんだい2			
8	2		
9	3		
10	1		
11	2		
12	4		
もんだい3			
13	1		
14	3		
15	3		
16	1		
17	4		
18	3		

언어지식(문법)·독해

もんだい1		もんだい3	
1	2	14	1
2	4	15	2
3	1	16	2
4	2	17	1
5	2	もんだい4	
6	1	18	2
7	3	19	3
8	3	もんだい5	
9	4	20	1
もんだい2		21	4
10	3	もんだい6	
11	1	22	4
12	2		
13	4		

청해

もんだい1		もんだい3	
れい	3	れい	1
1ばん	4	1ばん	2
2ばん	3	2ばん	1
3ばん	2	3ばん	3
4ばん	4	4ばん	1
5ばん	3	5ばん	2
6ばん	3	もんだい4	
7ばん	4	れい	3
もんだい2		1ばん	2
れい	2	2ばん	1
1ばん	2	3ばん	3
2ばん	3	4ばん	3
3ばん	2	5ばん	2
4ばん	2	6ばん	1
5ばん	3		
6ばん	3		

(もんだい1) ＿＿＿의 말은 히라가나로 어떻게 씁니까? 1 ·2·3·4에서 가장 알맞은 것을 하나 고르세요.

1 정답 1

파티에 사람이 많습니다.

해설 「多」의 음독은 「た」이며, 훈독은 「おおい」이다. '수량이 많을 때'는 「多い(많다)」, '공간을 차지하는 용적이나 면적이 넓다, 크다'를 표현할 때는 「大きい(크다)」를 사용한다. 다른 선택지의 어휘, 2번 「せまい(좁다)」, 4번 「ひろい(넓다)」도 자주 출제되는 어휘이니 꼭 암기해 두자.

빈출 広い(넓다) | うすい(얇다) | かるい(가볍다)

어휘 パーティー(파티) | ひと(사람) | 多い(많다)

2 정답 3

여기에서 기다려 주세요.

해설 「待つ」는 「まつ(기다리다)」라고 읽는데, 「持つ(들다, 가지다)」와 혼동하지 않도록 주의하자. 다른 선택지 1 たつ(서다) 2 きる(자르다) 3 もつ(들다, 가지다)도 꼭 기억해두자.

빈출 持つ(들다, 가지다) | 立つ(서다) | 切る(자르다)

어휘 ここ(여기) | ～て ください(~해 주세요)

3 정답 3

나는 눈이 좋습니다.

해설 「눈 목 目」의 훈독은 「め」이며, 음독은 「もく」이다. 신체에 관련된 표현은 빈출 어휘이니 잘 정리해 두자.

빈출 頭(머리) | 鼻(코) | 耳(귀) | 口(입) | 手(손) | 首(목)

어휘 わたし(나, 저) | 目(눈) | いい(좋다)

4 정답 4

역을 나와서 똑바로 가 주세요.

해설 한자 「出」이 사용된 동사는 자동사인가 타동사인가에 따라 읽는 방법과 의미가 달라지니 주의할 필요가 있다. 예를 들어 자동사 '나가다'는 「出る」가 되지만, 타동사 '꺼내다'는 「出す」가 된다. 자동사, 타동사 모두 문자 어휘 부분 모든 파트에

서 자주 출제되는 어휘이니 잘 기억해 두자.

빈출 出す(꺼내다, 내다)

어휘 えき(역) | 出る(나가다) | まっすぐ(똑바로) | すすむ(나아가다) | ～てください(~해 주세요)

5 정답 2

나중에 조금 이야기합시다.

해설 「後」의 음독은 「ご·こう」이고, 훈독은 「あと(뒤)、うしろ(뒤)、のち(잠시 후)」 등으로 읽는다. 이 중에서도 「後(뒤)」는 시간적으로 '뒤, 나중'일 경우에도, 공간적인 '뒤쪽'이라는 의미로도 사용된다. 하지만, 「後で(나중에)」는 '(어떤 시점에서 부터) 나중'이라는 의미로 사용된다.

빈출 少ない(적다) | 少し(조금) | ちょっと(조금, 좀) | たくさん(많이)

어휘 後で(나중에) | すこし(조금) | はなす(이야기하다) | ～ましょう(~합시다)

6 정답 1

집에서 공원까지 3분밖에 걸리지 않습니다.

해설 시간을 나타내는 「分(분)」은 시간에 따라 읽는 법이 달라지니 주의해서 암기해 두어야 한다.
「一分·二分·三分·四分·五分·六分·七分·八分·九分·十分」

빈출 一分(1분) | 三分(3분) | 六分(6분) | 八分(8분) | 九分(9분) | 十分(10분)

어휘 ～から～まで(~에서 ~까지) | こうえん(공원) | ～しか(~밖에) | かかる('시간이' 걸리다)

7 정답 3

4월에 중학생이 됩니다.

해설 시간 표현, 요일과 함께 자주 출제되는 것이 달의 읽는 법이다. 특히 4월은 「よんがつ」라고 읽지 않고, 「しがつ」라고 읽으니 주의하자.

빈출 四月(월요일) | 七月(7월) | 九月(9월)

어휘 四月(4월) | ちゅうがくせい(중학생) | ～になる(~가 되다)

_____ 의 말은 어떻게 씁니까? 1·2·3·4에서 가장 알맞은 것을 하나 고르세요.

8 정답 2

그는 친구가 적습니다.

해설 「少」의 음독은 「しょう」이고, 훈독은 「少し(조금)」과 「少ない(적다)」가 있다. 「작을 소 小」의 음독은 「しょう」이며 훈독은 「小さい(작다)」이다. 비슷하게 생겨서 헷갈리기 쉬우니 주의해서 정리해 두자. 그리고 반대어 「多い(많다)」도 기억해 두자.

빈출 少ない(적다) | 少し(조금) | 小さい(작다) | 大きい(크다) | 低い(낮다) | 多い(많다)

어휘 かれ(그) | ともだち(친구) | すくない(적다)

9 정답 3

더워서 샤워를 하고 싶습니다.

해설 가타카나 「シ」와 「ツ」는 헷갈리기 쉬우니 주의하자. 「ワ」도 쉬워 보이지만 「ハ」가 조사로 쓰일 경우 읽는 음이 같아 헷갈리는 경우가 많으니 주의하는 것이 좋다. 가타카나 표기 문제는 비슷한 글자에 실수하는 경우가 많고, 특히 장음 「ー」이 들어가는지 잘 기억해 두자. 그리고, 「シャワーをあびる(샤워를 하다)」라는 관용구도 기억해 두자. 이 표현 이외에도 항상 함께 어울리는 표현들「歯を磨く(이를 닦다)」, 「ぼうしをかぶる(모자를 쓰다)」, 「おふろにはいる(목욕하다)」)을 함께 정리해 두면 유용하다.

빈출 テーブル(테이블) | デパート(백화점) | ワイシャツ(와이셔츠) | ツアー(투어) | スポーツ(스포츠)

어휘 あつい(덥다) | シャワーを あびる(샤워를 하다)

10 정답 1

이 종이에 이름을 적어 주세요.

해설 「なまえ」는 '이름'이란 뜻으로 한자는 「名前」라고 쓴다.

빈출 午前(오전)

어휘 この(이) | かみ(종이) | 名前(이름) | かく(쓰다) | ~てください(~해 주세요)

11 정답 2

커피를 마시면서 음악을 듣습니다.

해설 「きく」에는 '듣다, 묻다'란 뜻이 있으며, 한자는 「聞く」라고 쓴다. 「동사 ます형+ながら」는 '~하면서'라는 동시 동작을 의미하는 표현이다. 「ごはんを食べながら、テレビを見ます(밥을 먹으면서 텔레비전을 봅니다)」처럼 쓰이니 잘 기억해 두자.

빈출 書く(쓰다) | 読む(읽다)

어휘 コーヒー(커피) | のむ(마시다) | ~ながら(~하면서) | おんがく(음악) | 聞く(듣다, 묻다)

12 정답 4

야마모트 씨는 영어를 잘합니다.

해설 「えいご」는 '영어'란 뜻으로 한자는 「英語」라고 쓴다. 「話す(말하다, 이야기하다)」와 헷갈리기 쉬우니 주의하자.

빈출 話す(말하다, 이야기하다)

어휘 えいご(영어) | じょうずだ(잘한다, 능숙하다)

( )에 무엇이 들어갑니까? 1·2·3·4에서 가장 알맞은 것을 하나 고르세요.

13 정답 1

빨간 넥타이를 (매고) 있는 것이 다나카 씨입니다.

해설 신체와 관련된 관용구는 비교적 빈도가 높은 편이니 따로 정리해 두는 것이 좋다. 「ぼうしをかぶる(모자를 쓰다)」「シャツをきる(셔츠를 입다)」「(ズボン・くつ・くつした・スカート)をはく('바지・신・양말・치마'를 입다)」「めがねをかける(안경을 쓰다)」도 자주 나오니 잘 정리해 두자.

오답 2 はく(신다, 입다), 3 かける((안경) 쓰다), 4 きる(입다)

어휘 あかい(빨갛다) | ネクタイ(넥타이) | いる(있다)

14 정답 3

일은 (이미) 끝났습니다.

해설 주어진 선택지 중에서 들어갈 수 있는 단어는 3번뿐이다. 「もう(이미, 벌써)」는 '어떤 동작이나 행위가 이미 완료했음'을 나타내고, 「まだ(아직)」은 '어떤 동작이나 행위가 완료하지 않았음'을 나타낸다. 따라서, 「もう(이미, 벌써)」는 과거형과 함께 사용되는 경우가 많으며, 「まだ(아직)」는 미래시제나 현재진행형과 함께 사용되는 경우가 많다. 따라서, 2번 「まだ(아직)」가 답이 되려면 「まだ おわって いません(아직 끝나지 않았습니다)」이 되어야 한다. 「とても(매우, 몹시)」도 자주 출제되는 어휘이니 꼭 기억해 두자.

오답 1 ちかく(조만간, 가까운 곳), 2 まだ(아직), 4 とても(매우, 몹시)

어휘 しごと(일) | おわる(끝나다)

15 정답 3

> 방이 (지저분하기) 때문에 청소를 했습니다.

해설 뒤에서 청소를 했다고 했으므로, 문맥상 들어갈 수 있는 단어는 3번 「きたない(지저분하다)」가 된다. 4번 「きれい(깨끗하다)」는 な형용사로 「きれいなので(깨끗하기 때문에)」처럼 접속하며, 문맥상 정반대의 의미가 되므로 사용할 수 없다. 「やさしい(친절하다, 쉽다)」도 함께 기억해 두자.

오답 1 くらい(어둡다), 2 やさしい(친절하다, 쉽다), 4 きれい (깨끗한)

어휘 へや(방) | 〜ので(〜때문에) | そうじ(청소) | する(하다)

16 정답 1

> 여동생은 어제 슬리퍼를 2(켤레) 샀습니다.

해설 슬리퍼 등 신는 종류의 의복 혹은 신발을 세는 조수사는 「〜足(켤레)」이다. 따라서 정답은 1번이 된다. 조수사에 관련된 문제는 반드시 출제되므로, 관련 어휘를 잘 정리해 두자.

오답 2 〜ほん(「本」자루, 병을 세는 단위), 3 だい(「台」, 〜대, 차나 기계를 세는 단위), 4 はい(「杯」, 〜잔, 그릇이나 공기, 잔을 세는 단위)

어휘 いもうと(여동생) | きのう(어제) | スリッパ(슬리퍼) | かう(사다)

17 정답 4

> 끝나면 컴퓨터 전원을 (꺼) 주세요.

해설 '전원을 끄다'는 「でんげんを けす(전원을 끄다)」처럼 「けす(끄다, 지우다)」를 사용하므로 정답은 4번이 된다. 반대 의미인 전원을 켜다는 「でんげんを つける(전원을 켜다)」를 사용한다. 「とじる(닫다)」는 '문이나 뚜껑 등 열려 있는 것을 닫다'라는 의미이니 헷갈리지 않도록 주의하자.

오답 1 つける(전원을 켜다, 붙이다) 2 しめる(창문 등을 닫다, 조이다), 3 とじる(닫다)

어휘 おわる(끝나다) | パソコン(컴퓨터) | でんげん(전원) | 〜てください(〜해 주세요)

18 정답 3

> 아침부터 아무 것도 먹지 않아서 배가 (고픕니다).

해설 힌트가 되는 단어는 「おなか(배)」이고 이 단어와 어울릴 수 있는 단어는 3번 「すく(비다)」이다. 두 단어가 만나면 「おなかが すく(배가 고프다)」란 뜻이 된다.

오답 1 おぼえる(외우다, 기억하다) 2 うまれる(태어나다) 4 かかる(시간 등이 걸리다)

어휘 あさ(아침) | なにも(아무 것도) | たべる(먹다) | おなか(배)

(もんだい 4) ＿＿＿의 문장과 대체로 같은 의미의 문장이 있습니다. 1·2·3·4에서 가장 알맞은 것을 하나 고르세요.

19 정답 2

> 오늘 오후는 한가합니다.
> 1 오늘 오후는 떠들썩합니다.
> 2 오늘 오후는 시간이 있습니다.
> 3 오늘 오후는 조용합니다.
> 4 오늘 오후는 바쁩니다.

해설 포인트 단어는 「ひまだ(한가하다)」이다. 이 단어와 바꿔 쓸 수 있는 표현은 2번 「じかんが あります(시간이 있습니다)」이다.

오답 1 にぎやかだ(떠들썩하다), 3 しずかだ(조용하다), 4 いそがしい(바쁘다)

어휘 きょう(오늘) | ごご(오후) | ひまだ(한가하다) | じかん (시간) | ある(있다)

20 정답 4

> 삼촌은 후쿠오카에 살고 있습니다.
> 1 엄마의 엄마는 후쿠오카에 살고 있습니다.
> 2 아빠의 엄마는 후쿠오카에 살고 있습니다.
> 3 아빠의 누나는 후쿠오카에 살고 있습니다.
> 4 아빠의 남동생은 후쿠오카에 살고 있습니다.

해설 포인트 단어는 「おじ(삼촌, 외삼촌)」이다. 부모님의 남자 형제를 나타내는 단어이므로 답은 4번 「ははの おとうと(엄마의 남동생)」이 된다. 만약 「おば(이모, 고모)」가 나온다면 「ちちの あね(아버지의 누나)」가 답이 되어야 한다.
> *おにいさん(お兄さん) : 형, 오빠, おかあさん(お母さん) : 엄마, おねえさん(お姉さん) : 누나, 언니
> *お父さん(おとうさん) : 아빠＝父 : 아버지 ⇔ 母 : 어머니＝お母さん : 엄마

오답 1 ははの はは(외할머니), 2 ちちの はは(친할머니), 3 ちちの あね(고모)

어휘 おじ(삼촌) | すむ(살다, 거주하다) | はは(나의 엄마) | ちち(나의 아버지) | あね(나의 누나, 언니) | おとうと(남동생)

21 정답 3

지금부터 저녁밥을 만들겠습니다.

1 지금부터 세탁을 하겠습니다.

2 지금부터 정리를 하겠습니다.

3 지금부터 요리를 하겠습니다.

4 지금부터 공부를 하겠습니다.

해설 「ごはんを　つくる(밥을 만들다)」는 요리를 한다는 의미이므로 정답은 3번 「りょうりを　する(요리를 하다)」가 된다.

오답 1 せんたく(세탁), 2 かたづけ(정리), 4 べんきょう(공부)

어휘 これから(지금부터) | よる(저녁) | ごはん(밥) | つくる(만들다) | せんたく(세탁) | かたづけ(정리) | りょうり(요리) | べんきょう(공부)

1교시　언어지식(문법)

본책 75 페이지

もんだい1 (　　　)에 무엇을 넣습니까? 1·2·3·4에서 가장 알맞은 것을 하나 고르세요.

1 정답 2

선생님 "새로운 유학생을 소개합니다."

김 "처음 뵙겠습니다. 김입니다. 한국(에서) 왔습니다."

해설 ★장소+から : ~에서

대화를 보면 유학생을 소개하고 있는데, 그 유학생은 '한국에서' 왔다는 말을 하려는 것을 알 수 있다. 이럴 때는 출발점을 뜻하는 「から(~에서)」가 들어가야 하므로 답은 2번이 된다. 「~から来ました(~에서 왔습니다)」를 관용 표현으로 기억해 두자.

오답 1 と(~와, 과), 3 は(~은, 는), 4 が(~이, 가)

어휘 あたらしい (새롭다) | りゅうがくせい(유학생) | しょうかいする(소개하다) | はじめまして(처음 뵙겠습니다) | 韓国(한국) | ~から(~에서) | 来る(오다)

2 정답 4

매일 자기 (전에) 우유를 마십니다.

해설 ★동사 기본형/명사の/명사(숫자 등 기간) + まえに : ~하기 전에, ~전에

「Aする+前にB(~하기 전에)」는 '어떤 동작의 전후 순서'를 나열할 때 사용하는데, 'A를 하기 전에 B라는 동작을 먼저 한다' 즉 'B를 한 후에 A를 한다'는 의미를 나타낸다. 반대로 'A를 한 후에 B를 한다'는 의미를 나타낼 때는 「Aした+後でB(~한 후에)」 처럼 '동사의 과거형'에 접속한다. 여기에서는 문맥상 '잠자기 전에 우유를 마신다'라는 문장이 자연스럽게 이어지므로 정답은 4번이 된다.

오답 1 あとで(~후에), 2 のまえに(~의 전에) 3 あとに(~뒤에)

어휘 まいにち(앞에) | ねる(자다) | ぎゅうにゅう(우유) | のむ(마시다)

3 정답 1

마에다 "다나카 씨(보다) 노래를 잘 하는 사람은 있습니까?"

스즈키 "아니요, 한 사람도 없습니다."

해설 ★Nより : N보다

노래를 잘 하는 사람이 있는가를 묻는 질문에 「いいえ(아니오)」라고 답하고 있다. 따라서 비교하며 질문하고 있는 문맥이라고 알 수 있다. 2개(혹은 그 이상)의 물건 등을 비교하는 표현으로 「より(~보다)」가 있다. 「だけ(~만, 뿐)」는 시간이나 정도, 범위 등을 한정할 때 사용한다.

오답 2 だけ(~만, ~뿐), 3 ごろ(무렵), 4 も(~도)

어휘 より(보다) | うた(노래) | 上手(잘하는) | ひと(사람) | ひとり(한 명) | いません(없습니다)

4 정답 2

야마다 "아들이 어제부터 열이 내리지 않아요."

와타나베 "그거 (큰일이네요)."

해설 ★大変ですね : 큰일이네요

아들의 열이 내리지 않아 걱정인 화자에 대한 적절한 대답으로는 '위로' 혹은 '걱정'이 적절하다. 따라서 보기 2번 「大変ですね(큰일이네요)」가 정답이 된다. 보기 1번 「悪いですね(나쁘네요)」와 보기 3번 「痛いですね(아프네요)」는 의미가 통하지 않으며, 보기 4번 「すみませんね(죄송하네요)」는 사죄의 표현으로 적절하지 않다.

오답 1 わるい(나쁘다) 3 いたい(아프다) 4 すみません(죄송합니다)

어휘 むすこ(아들) | きのう(어제) | ねつ(열) | さがる(내리다) | それ(그것)

5 정답 2

리　"똑바로 가서 저 모퉁이를 왼쪽(으로) 돌아 주세요."
야마다　"네, 알겠습니다."

해설 ★명사 + に まがる : ~으로 돌다, 구부러지다

「まがる」는 '(어떤 방향으로) 돌다'는 뜻으로 앞에는 「に・へ」가 온다. 「右に(へ)　まがる(오른쪽으로 돌다)」도 함께 기억해 두자.

오답 1 で(~에서), 3 から(~에서, 부터), 4 や(~와, 과)

어휘 まっすぐ(똑바로) | 行く(가다) | あの(저) | かど(모퉁이) | 左(왼쪽) | まがる(돌다) | わかる(알다, 이해하다)

6 정답 1

언젠(가) 다시 만날 수 있으면 좋겠네요.

해설 ★いつか : 언젠가

앞에 제시되어 있는 「いつ」와 연결될 수 있는 표현은 1번 「か」와 2번 「も」뿐이다. 「いつか」는 '언젠가'라는 뜻이고 「いつも」는 '언제나, 항상, 늘'이란 뜻인데, 문맥의 흐름상 「いつか」가 들어가야 자연스러우므로 답은 1번 「か」이다.

오답 2 (いつ)も('언제'나), 3 は(~은, 는), 4 に(~에)

어휘 いつ(언제) | また(또) | 会う(만나다) | ~といいですね (~하면 좋겠네요)

7 정답 3

마켓에서 바나나(와) 사과 등을 샀습니다.

해설 ★Nや　Nなど : ~와(과) ~등

「~や~など(~와 ~등)」은 여러 개 있는 것 중에서 일부 대표적인 것을 예시로 들 때 사용하는 문형이다. 명사를 나열하는 기능을 가진 조사로는 「~と(~와,과)」와 「~や(~와, 과, 랑)」가 있는데, 뒤에 「~など」가 있기 때문에 정답은 3번 「~や(~랑)」가 된다. 참고로 「AとB(A와 B)」는 'AB' 두 가지만 있다는 뜻이고, 「AやB(A랑 B)」는 'AB' 두 가지 외에 생략된 것이 더 있다는 뜻으로, 대개 뒤에 「~など(~등)」가 온다는 점을 기억해 두기 바란다. 「バナナや りんごなど(바나나랑 사과 등)」은 '바나나와 사과' 말고 다른 것도 샀다는 뜻이다. 자주 출제되는 문형이나 예문을 통째로 외워두는 것이 좋다.

오답 1 が(~이, 가), 2 も(~도), 4 は(~은, 는)

어휘 スーパー(마켓) | バナナ(바나나) | りんご(사과) | かう (사다)

8 정답 3

오다　"야마다 씨, 그 일은 언제 끝납니까?"
야마다　"글쎄요. 3시(까지는) 끝날 것이라고 생각합니다만."

해설 ★명사(시간, 공간) + までは : ~까지는

「まで」와 「までに」는 우리말로는 똑같이 '~까지'로 해석하지만, 용법은 다르다.
1. 「まで」는 '그 시점까지 계속 ~을 하는 것'을 말한다. 「5時まで勉強した(5시까지 공부했다)」
2. 「までに」는 '일회 한정, 계속되지 않는 동작, 사건'을 나타낸다. 즉 정해진 시간 안에 1회 혹은 비 연속적으로 일어나는 일에 사용한다. 예를 들면, 「5時までにレポートを出してください(5시까지 리포트를 내 주세요 : 5시 이전에 1회성으로 언제 내도 상관없다)」
따라서 정답은 3번이 되고, '3시 이전에는 끝난다'는 뜻이 된다.

오답 1 まで(~까지), 2 までは(~까지는), 4 までにも(~까지도)

어휘 しごと(일) | いつ(언제) | おわる(끝나다)

9 정답 4

김　"야마다 씨는 무엇을 먹습니까?"
야마다　"저는 (이) 파스타로 하겠습니다."

해설 ★この : 이, 지시어

지시어에 관한 문제도 꼭 출제되는 문제이니 잘 정리해 두자.
1. 「この(이)」는 '1)말하는 사람, 듣는 사람에게 있어 가까운 거리에 있는 사물을 가리킬 경우, 2) 말하는 사람의 영역에 있는 사물을 지칭할 경우'에 사용한다.
2. 「その(그)」는 '1)말하는 사람과 듣는 사람에게 있어 가깝지도 멀지도 않은 중간 정도의 거리에 있는 사물을 가리킬 경우, 2) 듣는 사람의 영역에 있는 사물을 지칭할 경우'에 사용한다.
3. 「あの(저)」는 '1) 말하는 사람과 듣는 사람에게 있어 먼 거리에 있는 사물을 가리킬 경우, 2) 말하는 사람과 듣는 사람 양자의 영역 밖에 있는 사물을 지칭할 경우'에 사용한다. 또한, 「あの」는 '말하는 사람, 듣는 사람 모두 알고 있는 내용일 때' 사용한다.
이 문제의 대화에서는 "무엇을 먹나?"는 질문에 대해 야마다 씨가 "(내가 알고 있는, 내 영역에 있는) 파스타를 먹겠다"고 대답하고 있으므로 정답은 4번이 된다. 야마다 씨가 무엇을 먹을지 질문한 사람은 모르는 상태이므로 2번의 「あの」는 사용할 수 없다.

오답 1 こちら(이쪽, 장소), 2 あの(저), 3 それは(그것은)

어휘 なに(뭐, 무엇) | たべる(먹다) | わたし(저) | パスタ(파

스타) | する(하다)

어휘 ぜんぶ(전부) | すてる(버리다) | ふるい(오래되다, 낡다) | なる(되다) | もの(것) | ~だけ(~만, ~뿐)

もんだい2 ★ 에 들어갈 것은 어느 것입니까? 가장 알맞은 것을 1·2·3·4에서 하나 고르세요.

10 정답 3(4-2-3-1)

4へ 2ひとり 3★で 1行きました

에 혼자 ★서 갔습니다

해석 영화관에 혼자서 갔습니다.

해설 우선 「えいがかん(영화관)」에는 보기 3번과 4번이 접속 가능하다. 그러나 보기 2번「ひとり(혼자)」에는 선택지 3번「で」만이 접속 가능하므로, 2번과 3번을 연결할 수 있다. 따라서 「えいがかん　へ　ひとり　で (영화관에 혼자서)」의 순서가 적합하므로 올바르게 배열하면 4-2-3-1이 된다.

어휘 えいがかん(영화관) | ひとり(혼자) | 行く(가다)

11 정답 1(2-4-3-1)

2もう少し 4大きい 3の 1★は

조금 더 큰 것 ★은

해석 손님 "실례합니다. 이 셔츠말인데요, 조금 더 큰 것은 없을까요?"
점원 "네, 잠시 기다려 주세요."

해설 우선 4번「大きい(크다)」가 접속할 수 있는 단어는 3번「の」뿐이다. 그리고 1번「は」가 접속할 수 있는 단어는 3번「の」밖에 없으니 4+3+1을 만들 수 있다. 그리고 1번「もう少し」가 맨 앞에 와야 문맥이 자연스러우므로 완성하면 2-4-3-1이 된다.

어휘 デパート(백화점) | 客(손님) | シャツ(셔츠) | もう少し (조금 더) | 大きい(크다) | 店の人(점원) | すこし(잠시, 조금) | まつ(기다리다)

12 정답 2(4-1-2-3)

4ふるく 1なった 2★もの 3だけ

오래 된 ★것 만

해석 이 "전부 버렸습니까?"
야마다 "아니요, 오래된 것만 버렸습니다."

해설 우선 1번「なった(된)」과 연결될 수 있는 표현은 4번뿐이므로 4번+1번「ふるくなった(오래 되었다)」가 되고, 그 뒤에 2번「もの(것)」을 수식하여 '오래된 것'을 만들 수 있다. 마지막으로 3번「だけ(~만, ~뿐)」이 2번 뒤에 와야 자연스러운 문장이 되므로 나열하면 4-1-2-3이 된다.

13 정답 4(2-1-4-3)

2に 1借りた 4★ゲーム機 3を

에게 빌린 ★게임기 를

해석 친구에게 빌린 게임기를 동생에게 고장냄을 당하고 말았습니다. (동생이 고장내고 말았습니다)

해설 1번「借りた(빌렸다)」는 친구'에게' 빌린 것이니 우선 2번「に」에 연결하여 2+1을 만들 수 있다. 그리고 선택지에서 빌린 물건이 될 수 있는 것은 4번「ゲーム(게임기)」뿐이다. 그리고 그 게임기'를' 동생이 고장냈으니 게임기에 3번 목적조사「を」를 접속해야 자연스럽다. 따라서 완성하면 2-1-4-3이 된다.

어휘 ともだち(친구) | 借りる(빌리다) | ゲーム機(게임기) | 弟(남동생) | こわす(고장내다)

もんだい3 14 부터 17 에 무엇을 넣습니까? 글의 의미를 생각하여 1·2·3·4에서 가장 알맞은 것을 하나 고르세요.

14~17

다음은 일본에서 공부하고 있는 메리 씨가 쓴 일기입니다.

저는 레스토랑에서 아르바이트를 14 하고 있습니다. 레스토랑은 학교 근처에 있습니다. 학교가 끝나고 일주일에 2회, 3시간 일합니다. 지난 주에는 친구가 가족과 밥을 먹으러 15 왔습니다. 아르바이트가 끝나고 16 나서 친구와 커피를 마시고 집에 돌아갔습니다. 일요일에 친구 남동생과 3명이서 공원에 가자고 말했습니다. 공원은 역 동쪽에 있습니다. 공원에는 예쁜 꽃이 많이 피어 있습니다. 다음 주에는 학교 축제도 있습니다. 축제에서는 모두가 만든 작품을 모두에게 보여줍니다. 꽃을 보러 가는 것도, 축제도 매우 17 기대됩니다.

스즈키

어휘 つぎ(다음) | 日本(일본) | べんきょう(공부) | かく(쓰다) | にっき(일기) | わたし(나, 저) | レストラン(레스토랑) | アルバイト(아르바이트) | 学校(학교) | ちかく(근처, 가까운 곳) | ある(있다, 사물) | おわる(끝내다) | 週(주) | 回(~회) | はたらく(일하다) | 先週(지난 주) | ともだち (친구) | かぞく(가족) | ごはん(밥, 식사) | たべる(먹다)

｜くる(오다)｜コーヒー(커피)｜のむ(마시다)｜家(집)｜かえる(돌아가다, 돌아오다)｜にちようび(일요일)｜おとうと(남동생)｜三人(세 명)｜〜で(~에서, ~서)｜こうえん(공원)｜いく(가다)｜いう(말하다)｜えき(역)｜東がわ(동쪽)｜きれいだ(깨끗하다, 예쁘다)｜花(꽃)｜たくさん(많이)｜さく(피다)｜らいしゅう(다음 주)｜まつり(축제)｜みんな(모두)｜つくる(만들다)｜さくひん(작품)｜みせる(보여주다)｜みる(보다)｜とても(매우, 몹시)｜たのしみだ(기대되다)

본책 82 페이지

14 정답 1

1 하고 있습니다	2 해 보겠습니다
3 하고 있는 중입니다	4 하려고 했습니다

해설 문맥상 '현재 아르바이트를 하고 있다'를 공란에 넣으면 자연스럽게 연결이 되므로 정답은 1번이다. 「〜ている(~하고 있다)」가 직업이나 습관을 나타내는 경우 「〜ているところだ(~하고 있는 중이다)」는 사용할 수 없다.

15 정답 2

1 있었습니다	2 왔습니다.
3 갔습니다	4 만났습니다.

해설 「〜ていく(~해 가다)」는 '(말하는 사람으로부터) 멀어져 간

다'는 것을 나타낼 때 사용하며, 「〜てくる(~해 오다)」는 그 반대로, '(말하는 사람으로부터) 가까워져 온다'는 것을 나타낼 때 사용한다. 이 문제에서는 '친구 가족이 식사하러 왔다'는 의미이므로 정답은 2번이 된다.

16 정답 2

1 도	2 나서
3 의	4 에

해설 「동사 て형(A) + から B(~하고 나서)」는 'A를 먼저 하고 그것이 끝난 후에 B를 한다'는 것을 나타내는 표현이다. 따라서 정답은 2번이 된다. 순서를 나타내는 표현 중에, '~한 후에'라는 의미를 나타내는 「あとで(~뒤에, 후에)」는 '동사 과거형'에 접속한다.

17 정답 1

1 기대됩니다	2 즐김입니다
3 즐거움입니다	4 즐거웠습니다.

해설 본문에 따르면 다음주에 축제가 있다. 따라서 '앞으로 있을 일 등에 대한 기대 혹은 설렘을 표현'하는 관용어인 보기 1번의 「楽しみ(기대)」가 정답이 된다. 단, 같은 명사형인 선택지 3번의 「楽しさ(즐거움)」는 뒤에 「だ」를 붙여 '기대된다'와 같은 의미로는 사용할 수 없다는 점에 주의할 필요가 있다. 그리고 보기 4번은 시제가 과거이기 때문에 정답에서 배제된다.

1교시 독해

본책 82 페이지

もんだい4 다음 (1)부터 (2)의 문장을 읽고 질문에 답하세요. 답은 1·2·3·4에서 가장 알맞은 것을 하나 고르세요.

18 정답 2

(1)
고바야시 씨가 야마모토 씨에게 메일을 보냈습니다.

야마모토씨

어제는 감사했습니다.
함께 먹은 우동도 매우 맛있었습니다.
내일 친구와 함께 그 우동을 먹으러 갑니다.
다음 주에 또 같이 우동을 먹읍시다

고바야시

고바야시 씨는 내일 무엇을 합니까?
1 혼자서 우동을 먹습니다.
2 친구와 함께 우동을 먹습니다.
3 야마모토 씨와 함께 우동을 먹습니다.
4 친구와 함께 라멘을 먹습니다.

해설 고바야시 씨는 야마모토 씨에게 예전 함께 했던 우동집이 맛있었으며 내일 다른 친구와 함께 갈 예정이라고 메일에서 말하고 있다. 따라서 내일은 친구와 우동을 먹으러 간다는 내용인 보기 2번이 정답이 되며 보기 1번은 오답이 된다. 「きのうは、ありがとうございました(어제는 감사했습니다)」는 내용을 통해 야마모토씨와 우동을 먹은 것은 어제였음을 알 수 있기에 보기 3번도 오답이 된다. 그리고 라멘에 관한 내용은 본문에 없기 때문에 보기 4번도 오답이 된다.

어휘 送る(보내다)｜昨日(어제)｜店(가게)｜明日(내일)

> (2) 어린이 수영장 이용 안내입니다.
>
> 어린이 수영장 이용 안내
> ● 수영장은 10살까지 이용할 수 있습니다.
> ● 수영장은 매일 오전 9시부터 오후 7시까지입니다.
> ● 수영장에서 먹거나 마시거나 하지 말아 주세요.
> ● 매주 일요일은 수영장은 6시에 닫습니다.
>
> 어린이 수영장에 관해 맞는 내용은 어느 것입니까?
> 1 9살 다나카 군은 이용할 수 없습니다.
> 2 수영장에서 주스나 빵을 먹어도 됩니다.
> 3 수요일 오후 1시는 수영장을 이용할 수 있습니다.
> 4 일요일은 오후 7시까지입니다.

해설 안내문에서 「プールは まいにち ごぜん 9時から ごご 7時までです (수영장은 매일 오전 9시부터 오후 7시까지입니다)」라고 했으니 오후 1시에는 수영장을 이용할 수 있으니 답은 3번이다. 10살까지 이용 가능하다고 했으니 1번은 오답이다. 수영장에서 음식을 먹지 말라고 했으니 2번도 오답이며, 일요일은 6시에 닫는다고 했으니 4번도 오답이다.

어휘 こども(어린이) | プール(풀장, 수영장) | りよう(이용) | おしらせ(안내) | ～さい(~살) | まで(~까지) | できる(할 수 있다) | まいにち(매일) | ごぜん(오전) | から(~부터) | ごご(오후) | たべもの(음식) | たべる(먹다) | ～ないでください(~하지 말아 주세요) | まいしゅう(매주) | にちようび(일요일) | しまる(닫히다) | パン(빵) | ～てもいい(~해도 된다) | すいようび(수요일)

もんだい5 다음 문장을 읽고 질문에 답하세요. 답은 1 · 2 · 3 · 4에서 가장 알맞은 것을 하나 고르세요.

> 20~21
>
> 오늘은 학교 친구들과 놀러 갔습니다. 모두 다 새로 생긴 게임센터에 갔습니다. 거기에는 [20] 리듬 게임, 레이싱 게임 등 다양한 게임이 있었습니다. 우리는 [21] 레이싱 게임으로 놀았습니다.
> 게임 센터의 옆에는 편의점이 있었습니다. 모두 다 편의점에서 [21] 맛있는 과자를 샀습니다. 그리고 서점에도 갔습니다. 저는 거기서 만화를 읽었습니다. 그 다음, 공원에도 갔습니다. 다 같이 공으로 놀았습니다. 정말 즐거운 하루였습니다.

어휘 きょう(오늘) | 学校(학교) | ともだち(친구) | あそぶ(놀다) | 行く(가다) | みんなで(다 같이) | 新しい(새롭다) |

できる(생기다) | ゲームセンター(게임 센터, 오락실) | そこには(거기에는) | リズム(리듬) | レーシング(레이싱) | いろいろ(다양함) | ぼくたち(우리들) | となり(옆) | コンビニ(편의점) | ある(있다) | おいしい(맛있다) | おかし(과자) | 買う(사다, 구매하다) | そして(그리고) | 本やさん(서점) | そこ(거기, 그곳) | まんが(만화) | 読む(읽다) | そのあと(그 후) | こうえん(공원) | ボール(공) | とても(정말) | たのしい(즐겁다) | 一日(하루) | きのう(어제)

---

20 정답 1

> 게임센터에 관해 맞는 내용은 어느 것입니까?
> 1 리듬 게임이 있습니다.
> 2 레이싱 게임은 없습니다.
> 3 어제 생겼습니다.
> 4 옆에 편의점은 없습니다.

해설 오늘 친구들과 방문한 게임 센터에는 「リズムゲーム、レーシングゲームなど、いろいろな ゲームが ありました(리듬 게임, 레이싱 게임 등 다양한 게임이 있었습니다)」라고 했다. 따라서 '리듬 게임'이 있다는 1번이 답이 된다. 같은 맥락으로 2번은 오답이고, 새로 생긴 게임 센터라고 했지만 어제 생겼다는 말은 하지 않았으므로 3번도 오답이다. 옆에 있는 편의점에 가서 과자를 사 먹었다고 했으니 4번도 오답이다.

---

21 정답 4

> '내'가 오늘 하지 않은 것은 무엇입니까?
> 1 게임 센터에서 놀았습니다.
> 2 과자를 샀습니다.
> 3 공원에서 놀았습니다.
> 4 만화를 샀습니다.

해설 '주く(나)'는 오늘 친구들과 함께 게임 센터에서 게임을 하며 놀았고, 편의점에서 맛있는 과자를 사 먹었고, 공원에서 공으로 놀았다고 했으니 1번, 2번, 3번은 모두 오답이다. 서점에서는 만화를 보기만 했지 샀다고는 하지 않았으므로 오늘 하지 않은 것은 4번이 정답이다.

もんだい 6 오른쪽 페이지의 시간표를 읽고, 아래 질문에 답하세요. 답은 1·2·3·4에서 가장 알맞은 것을 하나 고르세요.

댄스 클럽

● 여러분의 참가를 기다리고 있겠습니다.

2월	2월 1일 (목)	2월 2일 (금)	2월 3일 (토)	2월 4일 (일)	2월 5일 (월)	2월 6일 (화)
병아리 팀	⊙	*	×	×	⊙	*
개구리 팀	×	×	×	×	*	×
토끼 팀	×	×	⊙	⊙	×	⊙

* 오후 1시부터 오후 2시까지입니다.
⊙ 오후 6시부터 오후 7시까지입니다.
× 휴무입니다.

● 장소: 시부야 역 앞
● 10분 전에 시부야 역에 와 주십시오 (병아리 팀은 20분 전)

어휘 みなさん(여러분) | さんか(참가) | おまちしています (기다리고 있겠습니다) | ひよこ(병 아리) | カエル(개구리) | うさぎ(토끼) | おやすみ(쉬다, 휴무) | ばしょ(장소, 곳, 위치)

22 정답 4

댄스에 참가하고 싶은 사람은 어떻게 합니까?

1 2월 2일 오후 12시 50분까지 시부야 역에 갑니다.
2 2월 4일 오후 12시 40분까지 시부야 역에 갑니다.
3 2월 5일 오후 6시 40분까지 시부야 역에 갑니다.
4 2월 6일 오후 12시 40분까지 시부야 역에 갑니다.

해설 보기 1번 2월 2일의 경우 병아리팀이 오후 1시부터 2시까지 댄스인데 병아리팀의 경우 20분 전에 도착해야 하는 제약이 있기 때문에 12시 40분까지 시부야 역에 가야 한다. 따라서 12시 50분까지 도착하게 되면 지각이 되어 참가가 불가능하여 오답이 된다. 보기 2번 2월 4일의 경우 오후 6시부터 시작하니 5시 50분에 도착해야 하므로 오답이며, 보기 3번 2월 5일의 경우 개구리팀은 오후 1시에 시작하는데 6시 40분에 도착하게 되면 지각하게 되어 참가가 불가능하며 병아리팀은 오후 6시에 시작하므로 오후 5시 40분까지 도착해야 하니 오답이 된다. 보기 4번의 경우 2월 6일 연습이 두 번 있는데 1시에 시작하는 병아리팀의 연습 20분 전에 도착해야 하기 때문에 정답이 된다.

もんだい1 もんだい1では、はじめに しつもんを きいて ください。それから はなしを きいて、もんだいようしの 1から4の なかから、いちばん いい ものを ひとつ えらんで ください。

문제 1 문제 1에서는 처음에 질문을 들으세요. 그리고 이야기를 듣고, 문제용지의 1에서 4 중에서 가장 알맞은 것을 하나 고르세요.

れい

八百屋で、男の人と女の人が話しています。女の人は何を買いますか。

예 정답 3

야채 가게에서 남자와 여자가 이야기하고 있습니다. 여자는 무엇을 삽니까?

F : すみません、このりんごをください。

M : はい、りんごですね。今日は、きゅうりとピーマンが安いですよ。どうですか。

F : そうなんですね。

M : あとは、このトマト、とてもおいしいですよ。

F : そうですか。ピーマンは昨日買ったから、きゅうりと……、あと、トマトが好きなのでトマトも。

M : ありがとうございます。

F : 실례합니다, 이 사과 주세요.

M : 네. 사과 말이죠. 오늘은 오이와 피망이 싸요. 어떠세요?

F : 그렇군요.

M : 그리고 이 토마토, 정말 맛있어요.

F : 그래요? 피망은 어제 샀으니까, 오이랑…… 그리고, 토마토 좋아하니까 토마토도.

M : 감사합니다.

女の人は何を買いますか。

여자는 무엇을 삽니까?

1   2

3   4

1ばん

<ruby>男<rt>おとこ</rt></ruby>の<ruby>人<rt>ひと</rt></ruby>と<ruby>女<rt>おんな</rt></ruby>の<ruby>人<rt>ひと</rt></ruby>が<ruby>話<rt>はな</rt></ruby>しています。<ruby>男<rt>おとこ</rt></ruby>の<ruby>人<rt>ひと</rt></ruby>はパーティーに<ruby>何<rt>なに</rt></ruby>を<ruby>持<rt>も</rt></ruby>っていきますか。

M：<ruby>金曜日<rt>きんようび</rt></ruby>のパーティー、どこでするか<ruby>決<rt>き</rt></ruby>まりましたか。

F：はい、<ruby>田中<rt>たなか</rt></ruby>さんの<ruby>家<rt>いえ</rt></ruby>です。

M：あ、そうなんですね。<ruby>僕<rt>ぼく</rt></ruby>は<ruby>何<rt>なに</rt></ruby>を<ruby>持<rt>も</rt></ruby>っていけばいいですか。

F：うーん、<ruby>私<rt>わたし</rt></ruby>は<ruby>飲<rt>の</rt></ruby>み<ruby>物<rt>もの</rt></ruby>を<ruby>持<rt>も</rt></ruby>っていくので、<ruby>山田<rt>やまだ</rt></ruby>さんはお<ruby>菓<rt>か</rt></ruby><ruby>子<rt>し</rt></ruby>をお<ruby>願<rt>ねが</rt></ruby>いします。

M：<ruby>飲<rt>の</rt></ruby>み<ruby>物<rt>もの</rt></ruby>、<ruby>重<rt>おも</rt></ruby>いですよね。<ruby>僕<rt>ぼく</rt></ruby>が<ruby>飲<rt>の</rt></ruby>み<ruby>物<rt>もの</rt></ruby>を<ruby>持<rt>も</rt></ruby>っていきますよ。

F：<ruby>本当<rt>ほんとう</rt></ruby>ですか。ありがとうございます。じゃ、<ruby>私<rt>わたし</rt></ruby>がお<ruby>菓<rt>か</rt></ruby><ruby>子<rt>し</rt></ruby>を。

M：はい。あ、<ruby>僕<rt>ぼく</rt></ruby>の<ruby>家<rt>いえ</rt></ruby>に<ruby>果物<rt>くだもの</rt></ruby>がたくさんあるので、それも<ruby>持<rt>も</rt></ruby>っていきますね。

<ruby>男<rt>おとこ</rt></ruby>の<ruby>人<rt>ひと</rt></ruby>はパーティーに<ruby>何<rt>なに</rt></ruby>を<ruby>持<rt>も</rt></ruby>っていきますか。

1

2

3

1번 정답 4

남자와 여자가 이야기하고 있습니다. 남자는 파티에 무엇을 가져갑니까?

M : 금요일 파티, 어디서 할지 정해졌나요?

F : 네, 다나카 씨 집입니다.

M : 아, 그렇군요. 저는 무엇을 가져가면 될까요?

F : 으음, 저는 음료수를 가져갈테니, 야마다 씨는 과자를 부탁할게요.

M : 음료수, 무겁죠. 제가 음료수를 가져갈게요.

F : 정말인가요? 감사합니다. 그럼, 제가 과자를.

M : 네. 아, 저의 집에 과일이 많이 있으니, 그것도 가져갈게요.

남자는 파티에 무엇을 가져갑니까?

1

2

3

해설 여자는 처음에 음료수를 가져가겠다고 했으나, 남자는 「<ruby>飲<rt>の</rt></ruby>み<ruby>物<rt>もの</rt></ruby>、<ruby>重<rt>おも</rt></ruby>いですよね。<ruby>僕<rt>ぼく</rt></ruby>が<ruby>飲<rt>の</rt></ruby>み<ruby>物<rt>もの</rt></ruby>を<ruby>持<rt>も</rt></ruby>っていきますよ(음료수, 무겁죠. 제가 음료수를 가져갈게요)」라고 했고, 이에 여자는 고맙다고 말했으니 남자는 음료수를 가져가면 된다. 그리고 남자가 마지막에 「<ruby>僕<rt>ぼく</rt></ruby>の<ruby>家<rt>いえ</rt></ruby>に<ruby>果物<rt>くだもの</rt></ruby>がたくさんあるので、それも<ruby>持<rt>も</rt></ruby>っていきますね(저의 집에 과일이 많이 있으니, 그것도 가져갈게요)」라고 했으니, 남자가 가지고 갈 물건은 4번 음료수와 과일이 된다.

어휘 パーティー(파티) | <ruby>持<rt>も</rt></ruby>つ(들다, 가지다) | ～ていく(~해 가다) | <ruby>金曜日<rt>きんようび</rt></ruby>(금요일) | どこ(어디) | する(하다) | <ruby>決<rt>き</rt></ruby>まる(결정되다) | <ruby>飲<rt>の</rt></ruby>み<ruby>物<rt>もの</rt></ruby>(음료) | お<ruby>菓子<rt>かし</rt></ruby>(과자) | お<ruby>願<rt>ねが</rt></ruby>い(부탁) | <ruby>重<rt>おも</rt></ruby>い(무겁다) | <ruby>本当<rt>ほんとう</rt></ruby>だ(정말이다) | <ruby>果物<rt>くだもの</rt></ruby>(과일) | たくさん(많이) | ある(있다) | ～ので(~으니) | それ(그것)

2ばん

クラスで先生と生徒が話しています。生徒はどの問題を家で勉強しますか。

F：今日の授業はここまでです。教科書15ページまで終わったので、16ページは宿題です。

M：先生、16ページ全部ですか。

F：いいえ。2番と4番は明日の授業でやるので、1番と3番だけです。

M：分かりました。

F：明日、宿題を出すときは、宿題をやったページを開いて、いちばん上に名前を書いて、先生の机に出してくださいね。

生徒はどの問題を家で勉強しますか。

1　　　　　　　2

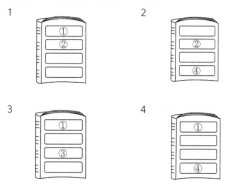

3　　　　　　　4

2번 **정답** 3

교실에서 선생님과 학생이 이야기하고 있습니다. 학생은 어느 문제를 집에서 공부합니까?

F：오늘 수업은 여기까지입니다. 교과서 15페이지까지 끝났으니, 16페이지는 숙제입니다.

M：선생님, 16페이지 전부 다인가요?

F：아뇨. 2번과 4번은 내일 수업에서 할 테니, 1번과 3번만입니다.

M：알겠습니다.

F：내일 숙제를 낼 때는, 숙제를 한 페이지를 펴서, 가장 위에 이름을 적어서 선생님의 책상에 내세요.

학생은 어느 문제를 집에서 공부합니까?

1　　　　　　　2

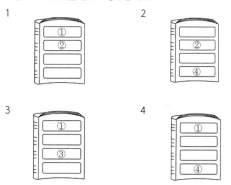

3　　　　　　　4

해설 '집에서 공부하는 문제' = '숙제'이다. 선생님이 「2番と4番は明日の授業でやるので、1番と3番だけ（2번과 4번은 내일 수업에서 할 테니, 1번과 3번만）」이라고 했으니, 학생이 공부할 문제는 1번과 3번으로 답은 3번이 된다.

어휘 クラス(교실) | どの(어느) | 問題(문제) | 家(집) | 勉強(공부) | 授業(수업) | ここ(여기) | 〜まで(〜까지) | 教科書(교과서) | 終わる(끝나다) | 〜ので(〜으니) | 宿題(숙제) | 全部(전부) | 〜番(〜번) | 明日(내일) | やる(하다) | 〜だけ(〜만, 〜뿐) | 分かる(알다, 이해하다) | 出す(내다, 제출하다) | とき(때) | ページ(페이지) | 開く(열다) | いちばん(가장) | 上(위) | 名前(이름) | 書く(쓰다) | 机(책상) | 〜てください(〜해 주세요)

3ばん

男の人と女の人が話しています。女の人は誰と会いますか。

M：林さん、楽しそうですね。

F：ええ。今日の夕方、おばさんと一緒に夜ごはんを食べます。

M：いいですね。おばさんは、お母さんのきょうだいですか。お父さんのきょうだいですか。

F：母の妹です。

M：そうですか。お母さんは何人きょうだいですか。

F：4人です。母には、お兄さんと妹が二人います。今日、私が会うおばさんは、いちばん下の妹です。私が大好きなおばさんです。

M：へえ。それは楽しみですね。

女の人は誰と会いますか。

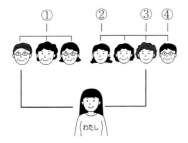
① ② ③ ④
(わたし)

3번 정답 2

남자와 여자가 이야기하고 있습니다. 여자는 누구와 만납니까?

M : 하야시 씨, 즐거워 보이네요.

F : 네. 오늘 저녁, 아주머니와 함께 저녁밥을 먹어요.

M : 좋겠네요. 아주머니는 어머니의 형제인가요? 아버지의 형제인가요?

F : 어머니의 여동생이에요.

M : 그런가요? 어머니는 형제가 몇 명이신가요?

F : 4명이에요. 어머니에게는 오빠와 여동생이 2명 있어요. 오늘 제가 만나는 이모는 제일 막내 여동생이에요. 제가 정말 좋아하는 이모예요.

M : 우와. 그거 기대되겠네요.

여자는 누구와 만납니까?

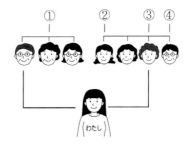
① ② ③ ④
(わたし)

해설 여자가 만날 친척 아주머니는 「母の妹(어머니의 여동생)」인데, 그 중에서도 「いちばん下の妹(제일 막내 여동생)」를 만난다고 했다. 왼쪽 가계도는 친가이고 오른쪽 가계도는 외가인 것을 알 수 있다. 4번 남자가 어머니 오빠이고, 3번은 어머니란 것을 알 수 있으니 답은 2번이다.

어휘 誰(누구) | 会う(만나다) | 楽しい(즐겁다) | ～そうだ(~일 것 같다) | 今日(오늘) | 夕方(저녁때) | おばさん(아주머니, 이모, 고모) | 一緒に(함께) | 夜ごはん(저녁밥) | お母さん(어머니) | きょうだい(형제) | お父さん(아버지) | 母(어머니) | 妹(여동생) | 何人(몇 명) | いちばん(가장) | 下(아래, 막내) | 大好きだ(정말 좋아하다)

4ばん

デパートで男の人と女の人が話しています。二人はどの
ケーキを買いますか。

F：木村さん、今日は高橋先輩の誕生日だから、一緒にケー
　　キを買いましょうよ。
M：いいですね。チョコレートケーキはどうですか。
F：うーん、先輩は、チョコレート、いつもあまり食べない
　　ですよ。
M：じゃ、このいちごのケーキはどうですか。
F：あー、いいですね。でも、これは少し大きいですね。
M：じゃ、小さいほうにしましょう。

二人はどのケーキを買いますか。

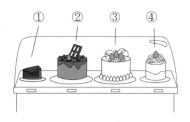

4번　정답 4

백화점에서 남자와 여자가 이야기하고 있습니다. 두 사람은 어느
케이크를 삽니까?

F : 기무라 씨, 오늘은 다카하시 선배의 생일이니까, 같이 케이크
　　를 사요.
M : 좋네요. 초콜릿 케이크는 어때요?
F : 으음, 선배는 초콜릿을 평소에 별로 먹지 않아요.

M : 그럼, 이 딸기 케이크는 어때요?
F : 아, 좋네요. 그런데, 이건 조금 크네요.
M : 그럼, 작은 쪽으로 해요.

두 사람은 어느 케이크를 삽니까?

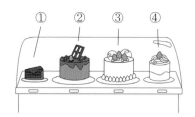

해설 선배 생일에 줄 케이크를 고르고 있는데, 처음에 초콜릿 케이크를 고르려 했으나 「先輩は、チョコレート、いつもあまりべないです
よ(선배는 초콜릿을 평소에 별로 먹지 않아요)」라고 했으므로 1번, 2번은 답이 될 수 없다. 딸기 케이크를 사기로 했는데 마지막에 「小さ
いほうにしましょう(작은 쪽으로 해요)」라고 했으니 작은 쪽인 4번이 정답이 된다.

어휘 デパート(백화점) | どの(어느) | ケーキ(케이크) | 今日(오늘) | 先輩(선배) | 誕生日(생일) | 一緒に(같이, 함께) | 買う(사다) |
　　~ましょう(~합시다) | チョコレート(초콜릿) | いつも(언제나, 늘) | あまり(그다지) | 食べる(먹다) | いちご(딸기) | 少し(조금)
　　| 大きい(크다) | ほう(쪽) | する(하다)

5ばん

日本語学校の教室で女の先生が生徒に話しています。生徒は、明日の午前、どこへ行きますか。

F：では、今日の授業はこれで終わります。皆さん、今日は１Ａ教室で授業をしましたが、明日の午前は、２階にある２Ｂ教室で授業をしますので、そちらに来てください。いいですね。あと、午後は公園で日本語のゲームをします。楽しみにしていてください。では、さようなら。

生徒は、明日の午前、どこへ行きますか。

1　１Ａきょうしつ

2　こうえん

3　２Ｂきょうしつ

4　１Ｂきょうしつ

5번 정답 3

일본어 학교의 교실에서 여자 선생님이 학생에게 이야기하고 있습니다. 학생은 내일 오전에 어디로 갑니까?

F：그럼, 오늘 수업은 이걸로 마칩니다. 여러분, 오늘은 1A 교실에서 수업을 했지만, 내일 오전은 2층에 있는 2B 교실에서 수업을 할 테니, 그쪽으로 와 주세요. 알겠죠? 그리고, 오후에는 공원에서 일본어 게임을 합니다. 기대해 주세요. 그럼, 잘 가요.

학생은 내일 오전에 어디로 갑니까?

1　１Ａ교실

2　공원

3　２Ｂ교실

4　１Ｂ교실

해설 문제에서 선생님이 내일 오전에 어디로 가야 하는지를 이야기하고 있다. 선생님이 「明日の午前は、２階にある２Ｂ教室で授業をしますので、そちらに来てください(내일 오전은 2층에 있는 2B 교실에서 수업을 할 테니, 그쪽으로 와 주세요)」라고 했으므로 답은 3번이다. 공원에도 가지만 오전이 아닌 오후이므로 답이 될 수 없다.

어휘 日本語(일본어) | 学校(학교) | 教室(교실) | 生徒(학생) | 明日(내일) | 午前(오전) | どこ(어디) | 行く(가다) | 授業(수업) | 終わる(끝나다) | 皆さん(여러분) | 今日(오늘) | 教室(교실) | 明日(내일) | 午前(오전) | そちら(그쪽) | 来る(오다) | ～てください(~해 주세요) | 午後(오후) | 公園(공원) | ゲーム(게임) | 楽しみ(기대됨) | さようなら(잘 가요)

お店で女の人と男の人が話しています。女の人は何を買いますか。

F：すみません、赤のボールペン2本と、小学生が使う英語のノートを4冊ください。

M：赤のボールペンと英語のノートですね。

F：はい。あと……。

M：あー、すみません。小学生の英語のノートは、今、2冊しかありません。

F：あ、そうですか。じゃ、それと、赤鉛筆も1本ください。

M：分かりました。お待ちください。

女の人は何を買いますか。

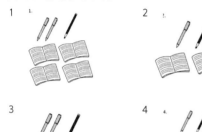

1

2

3

4

가게에서 여자와 남자가 이야기하고 있습니다. 여자는 무엇을 삽니까?

F : 저기, 빨간 볼펜 2자루와 초등학생이 쓰는 영어 노트를 4권 주세요.

M : 빨간 볼펜과 영어 노트군요.

F : 네. 그리고……

M : 아~, 죄송합니다. 초등학생 영어 노트는 지금 2권 밖에 없습니다.

F : 아, 그런가요? 그럼, 그것과 빨간 색연필도 하나 주세요.

M : 알겠습니다. 잠시 기다려주세요.

여자는 무엇을 삽니까?

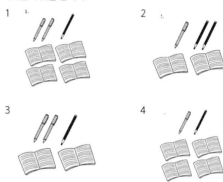

1

2

3

4

해설 여자가 처음에 달라고 한 것은 '빨간 볼펜 2자루', '초등학생용 영어 노트 4권'인데, 남자는 노트가 2권 밖에 없다고 했다. 그러자 여자는 「それと、赤鉛筆も1本ください(그것과 빨간 색연필도 하나 주세요)」라고 했는데, 「それ(그것)」이 가리키는 물건이 '초등학생 영어 노트 2권'이란 것을 파악해야 한다. 따라서 노트 4권이 보이는 1번 4번은 오답이고, 볼펜 2자루와 빨간 색연필 1자루가 보이는 3번이 답이 된다

어휘 お店(가게) | 買う(사다) | 赤(빨강) | ボールペン(볼펜) | ~本(~개, 펜 등을 셈) | 小学生(초등학생) | 使う(쓰다, 사용하다) | 英語(영어) | ノート(노트) | 冊(~권) | あと(그리고) | ~しか(~밖에) | ある(있다) | それ(그것) | 赤鉛筆(빨간 색연필) | 分かる(알다) | 待つ(기다리다)

7ばん

会社で女の人と男の人が話しています。女の人は今からどこに行きますか。

F：井上さん。これ、京都のお土産です。どうぞ。

M：ありがとうございます。これは何ですか。

F：これは、京都の有名なお菓子です。ぜひ食べてみてください。あのう、清水さんはどこにいますか。もう帰りましたか？

M：清水さんですか？ さっき会議室にいましたよ。

F：そうですか。2階の会議室ですか。

M：いいえ、4階です。まだいると思います。

F：そうですか、ありがとうございます。帰る前にお土産をあげたいから、ちょっと行ってきますね。

女の人は今からどこに行きますか。

1　1かいの　かいぎしつ

2　2かいの　かいぎしつ

3　3がいの　かいぎしつ

4　4かいの　かいぎしつ

7번 **정답** 4

회사에서 여자와 남자가 이야기하고 있습니다. 여자는 지금부터 어디에 갑니까?

F : 이노우에 씨. 이거, 교토 기념품(특산물)입니다. 여기요.

M : 감사합니다. 이것은 무엇입니까?

F : 이것은, 교토에서 유명한 과자입니다. 꼭 먹어 봐주세요. 저기, 시미즈 씨는 어디에 있습니까? 벌써 가셨습니까?

M : 시미즈 씨입니까? 아까 회의실에 있었습니다.

F : 그렇습니까? 2층의 회의실입니까?

M : 아니요, 4층입니다. 아직 있을 것이라고 생각합니다.

F : 그렇습니까, 감사합니다. 돌아가기 전에 기념품(특산물)을 주고 싶으니까, 잠깐 갔다 오겠습니다.

여자는 지금부터 어디에 갑니까?

1　1층의 회의실

2　2층의 회의실

3　3층의 회의실

4　4층의 회의실

해설 일본에는 여행 혹은 출장 후에는 다녀온 곳의 기념품(주로 음식)을 주위 사람들에게 나누는 문화가 있다. 본 대화에서도 여자는 남자에게 교토에 다녀와서 기념품(お土産)을 전달하고 있는데, 대화를 나누고 있는 남자 이외에도 시미즈 씨에게도 전달하고 싶어하고 있다. 여자는 시미즈 씨가 「2階の会議室ですか(2층 회의실입니까)」라고 묻자, 남자는 이에 대해 「4階です。まだいると思います(4층이요. 아직 있을 것이라고 생각합니다)」라고 대답하고 있는 것을 보아 여자는 4층 회의실로 갈 것이라 예상할 수 있다. 따라서 정답은 4번이 된다.

어휘 会社(회사) | 京都(교토, 지명) | お土産(기념품, 특산물) | 有名だ(유명한) | お菓子(과자, 디저트) | ぜひ(꼭, 부디) | 食べる(먹다) | ～てください(~해 주세요) | あのう(저기) | どこ(어디) | もう(벌써, 이미) | 帰る(돌아가다) | さっき(아까 , 전에) | 会議室(회의실) | まだ(아직) | 思う(생각하다) | 前(장소, 시간 등의 앞 혹은 전) | あげる(주다) | ～たい(동사의 ~ます형 뒤에 붙어 ~을, 를 하고 싶다) | ちょっと(조금, 약간) | 行く(가다) | ～てくる(~하고 오다)

もんだい2 もんだい2では、 はじめに しつもんを きいて ください。 それから はなしを きいて、 もんだいようしの 1から4の なかから、 いちばん いい ものを ひとつ えらんで ください。

れい

男の人と女の人が話しています。二人は東京駅まで何で行きますか。

M：東京駅まで何で行きますか。
F：電車はどうですか。
M：うーん、でも、タクシーがもっと速いです。
F：今日は、車が多いですから、タクシーは……。
M：では、バスも同じですね。
F：はい。

二人は東京駅まで何で行きますか。

1　くるま
2　でんしゃ
3　タクシー
4　バス

문제 2 문제2에서는 처음에 질문을 들으세요. 그리고 이야기를 듣고, 문제 용지의 1에서 4 중에서 가장 알맞은 것을 하나 고르세요.

예 정답 2

남자와 여자가 이야기하고 있습니다. 두 사람은 도쿄역까지 무엇으로 갑니까?

M : 도쿄역까지 무엇으로 갑니까?
F : 전철은 어떤가요?
M : 으음, 하지만, 택시가 더 빨라요.
F : 오늘은 차가 많으니까, 택시는……
M : 그럼, 버스도 똑같네요.
F : 네.

두 사람은 도쿄역까지 무엇으로 갑니까?

1　자동차
2　전철
3　택시
4　버스

女の人と男の人が話しています。女の人の好きな食べ物は何ですか。

F：鈴木さん、昨日の夜ごはんは何を食べましたか。昨日は早く帰りましたよね。

M：あー、昨日は家族と一緒にうどんを食べました。えりさんは何を食べましたか。

F：私は友達とそばを食べました。うどん、おいしいですよね。

M：はい。でも僕は、カレーが食べたかったです。

F：分かります。私、カレーがいちばん好きです。鈴木さん、明日、食べに行きませんか。

M：いいですよ。おいしい店を知っているので、そこに行きましょう。

女の人の好きな食べ物は何ですか。

1

2

3

4

여자와 남자가 이야기하고 있습니다. 여자가 좋아하는 음식은 무엇입니까?

F : 스즈키 씨, 어제 저녁밥은 무엇을 드셨어요? 어제는 일찍 돌아가셨죠?

M : 아, 어제는 가족과 함께 우동을 먹었어요. 에리 씨는 무엇을 드셨어요?

F : 저는 친구랑 소바를 먹었어요. 우동, 맛있죠.

M : 네. 하지만 저는, 카레를 먹고 싶었어요.

F : 그 마음 알아요. 저, 카레를 가장 좋아해요. 스즈키 씨, 내일 먹으러 가지 않을래요?

M : 좋아요. 맛있는 데를 알고 있으니, 거기로 가요.

여자가 좋아하는 음식은 무엇입니까?

1

2

3

4

해설 여자는 카레를 먹고 싶었다는 남자의 말에 공감하면서 「私、カレーがいちばん好きです(저, 카레를 가장 좋아해요)」라고 했으니 답은 2번이다. 몇 가지 음식이 언급되고 있는데, 문제 포인트는 여자가 좋아하는 음식이지 먹은 음식이 아니란 사실에 주의하자.

어휘 好きだ(좋아하다) | 食べ物(음식) | 昨日(어제) | 夜ごはん(저녁밥) | 食べる(먹다) | 早く(빨리) | 帰る(돌아가다) | 家族(가족) | 一緒に(같이, 함께) | うどん(우동) | 友達(친구) | そば(메밀국수) | カレー(카레) | 分かる(알다, 이해하다) | いちばん(가장, 제일) | 明日(내일) | ~ませんか(~하지 않을래요?) | 店(가게) | そこ(거기) | ~ましょう(~합시다)

八百屋で女の人と男の人が話しています。女の人はいくら払いましたか。

F：すみません、これ全部ください。いくらですか。

M：はい、いちごとりんごとトマトですね。いちごは400円で、りんごは四つで450円です。あ、お客さん、このりんご、おいしいので、もっと買っていきませんか。五つで500円にしますよ。

F：本当ですか。じゃ、もう一つ買います。

M：ありがとうございます。あと、こちらのトマトは一つ200円ですから、全部で1,100円です。

F：えっと、今、お財布に百円玉がないので、2,000円でお願いします。

M：はい。では、おつりの900円です。どうも、ありがとうございました。

女の人はいくら払いましたか。

1 900えん

2 1,000えん

3 1,100えん

4 2,000えん

채소 가게에서 여자와 남자가 이야기하고 있습니다. 여자는 얼마를 지불했습니까?

F：실례합니다, 이거 전부 주세요. 얼마인가요?

M：네, 딸기와 사과와 토마토군요. 딸기는 400엔이고, 사과는 4개에 450엔입니다. 아, 손님, 이 사과, 맛있으니까 더 사가지 않을래요? 5개에 500엔으로 해 드릴게요.

F：정말요? 그럼, 하나 더 살게요.

M：감사합니다. 그리고, 이쪽 토마토는 1개에 200엔이니까, 전부 1,100엔입니다.

F：으음, 지금, 지갑에 100엔 동전이 없으니, 2,000엔으로 부탁드려요.

M：네. 그럼 거스름돈 900엔입니다. 감사합니다.

여자는 얼마를 지불했습니까?

1 900엔

2 1,000엔

3 1,100엔

4 2,000엔

해설 여자가 구입한 과일은 '딸기(400엔)', '사과 5개(500엔)', '토마토 1개(200엔)'이므로, 400엔+500엔+200엔=1,100엔이 된다. 여자가 2,000엔을 남자에게 주었지만, 어디까지나 100엔짜리 동전이 없어서 2,000엔을 준 것이고, 거스름돈 900엔을 받았으니 여자가 실제로 지불한 돈은 1,100엔이므로 답은 3번이다.

어휘 八百屋(채소 가게) | いくら(얼마) | 払う(내다, 지불하다) | これ(이것) | 全部(전부) | ください(주세요) | いちご(딸기) | りんご(사과) | トマト(토마토) | お客さん(손님) | おいしい(맛있다) | もっと(더) | 買う(사다) | ～ていく(~해 가다) | ～にする(~로 하다) | 本当だ(정말이다) | もう一つ(하나 더) | 財布(지갑) | 百円玉(100엔 동전) | お願い(부탁) | では(그렇다면, 그럼) | おつり(거스름돈)

電話で女の人と男の人が話しています。この美術館には、いつ行くことができますか。

F：お電話ありがとうございます。きらきら美術館です。

M：あのう、すみません。きらきら美術館は、何時から何時までですか。

F：午前10時から午後5時までです。

M：そうですか。休みの日はありますか。

F：はい、水曜日がお休みの日です。

M：分かりました。ありがとうございます。

F：お電話ありがとうございました。

この美術館には、いつ行くことができますか。

1　げつようび　ごぜん　　9じ

2　かようび　ごご　3じ

3　すいようび　ごぜん　　10じ

4　もくようび　ごご　　6じ

전철에서 여자와 남자가 이야기하고 있습니다. 이 미술관에는 언제 갈 수 있습니까?

F：전화해 주셔서 감사합니다. 기라기라 미술관입니다.

M：저기, 실례합니다. 기라기라 미술관은 몇 시부터 몇 시까지입니까?

F：오전 10시부터 오후 5시까지입니다.

M：그렇군요. 쉬는 날은 있나요?

F：네, 수요일이 쉬는 날입니다.

M：알겠습니다. 감사합니다.

F：전화해 주셔서 감사합니다.

이 미술관에는 언제 갈 수 있습니까?

1　월요일 오전 9시

2　화요일 오후 3시

3　수요일 오전 10시

4　목요일 오후 6시

해설 미술관이 열려 있는 시간대는 「午前10時から午後5時まで(오전 10시부터 오후 5시까지)」라고 했고, 휴관일에 관해서는 「水曜日がお休みの日 (수요일이 쉬는 날)」이라고 했으므로 미술관에 갈 수 있는 요일은 수요일 이외의 모든 요일이므로 답은 2번이 된다. 3번은 수요일이므로 갈 수 없고, 1번 4번은 시간대가 맞지 않으므로 오답이다.

어휘 電話(전화) | この(이) | 美術館(미술관) | いつ(언제) | 行く(가다) | ~ことができる(~할 수 있다) | 何時(몇 시) | ~から(~부터) | ~まで(~까지) | 午前(오전) | 午後(오후) | 休みの日(휴일) | 水曜日(수요일) | 分かる(알다) | げつようび(월요일) | かようび(화요일) | もくようび(목요일)

4ばん

女の人と男の人が話しています。女の人の趣味は何ですか。

F：北村さん、このお菓子、食べてみてください。とってもおいしいですよ。

M：わあ、おいしそうなクッキーですね。山田さんが作ったんですか。

F：いいえ、私じゃなくて、母が作りました。

M：では、一つ、いただきます。お母さんはクッキーを作るのが上手ですね。山田さんは何をするのが好きですか。

F：私は山登りが好きです。休みの日は家族とよく行きます。一人で行くときもありますよ。

M：そうですか。僕は、本を読むのが好きですが、山登りもしてみたいです。

F：ほんとですか。じゃ今度、私と行きましょう。

女の人の趣味は何ですか。

1

2

3

4

4번 정답 2

여자와 남자가 이야기하고 있습니다. 여자의 취미는 무엇입니까?

F : 기타무라 씨, 이 과자, 먹어보세요. 정말 맛있어요.

M : 와아, 맛있어 보이는 쿠키네요. 야마다 씨가 만들었나요?

F : 아뇨, 제가 아니라, 어머니가 만들었어요.

M : 그럼, 하나 먹겠습니다. 어머니는 쿠키를 잘 만드시네요. 야마다 씨는 뭐하는 것을 좋아하시나요?

F : 저는 등산을 좋아해요. 쉬는 날에는 가족과 자주 가요. 혼자서 갈 때도 있어요.

M : 그런가요? 저는, 책을 읽는 걸 좋아하지만, 등산도 해 보고 싶어요.

F : 정말인가요? 그럼 다음에 저와 함께 가요.

여자의 취미는 무엇입니까?

1

2

3

4

해설 남자의 취미와 혼동해서는 안 된다. 여자의 취미에 대해 묻는 문제인데, 「私は山登りが好きです(저는 등산을 좋아해요)」라고 했으므로 여자의 취미는 등산이고 답은 2번이다.

어휘 趣味(취미) | お菓子(과자) | 食べる(먹다) | ~てみる(~해 보다) | ~てください(~해 주세요) | と(っ)ても(정말) | おいしい(맛있다) | ~そうだ(~해 보이다) | 作る(만들다) | 母(엄마, 어머니) | では(그럼) | いただく(먹다, 받다) | 上手だ(능숙하다, 잘 하다) | 好きだ(좋아하다) | 山登り(등산) | 休みの(휴일) | 家族(가족) | よく(자주) | 行く(가다) | 一人(혼자) | 本(책) | 読む(읽다) | 今度(다음) | ~ましょう(~합시다)

お母さんと中学生の男の子が話しています。お母さんは、何時までに寝なさいと言いましたか。

F：もう10時よ。明日も学校があるでしょう。早く寝なさい。

M：えー、あと少しだけ。今、ドラマを見てるんだ。あと30分で終わるから。

F：昨日も同じことを言ったわよ。今日はもう寝なさい。

M：お願い、あと5分だけ。

F：分かった。じゃあ、10時半までに寝てね。

M：はあい。ありがとう。

お母さんは、何時までに寝なさいと言いましたか。

1　10じ

2　10じ5ふん

3　10じ30ぷん

4　11じ

어머니와 중학생 남자아이가 이야기하고 있습니다. 어머니는 몇 시까지 자라고 말했습니까?

F：벌써 10시야. 내일도 학교(수업)가 있잖아. 빨리 자거라.

M：엥~, 조금만 더. 지금, 드라마를 보고 있어. 앞으로 30분이면 끝나니까.

F：어제도 같은 말을 했어. 오늘은 이만 자야지.

M：부탁이야. 앞으로 5분만.

F：알겠어. 그럼, 10시 반까지는 자야 해.

M：네에. 고마워요.

어머니는 몇 시까지 자라고 말했습니까?

1　10시

2　10시 5분

3　10시 30분

4　11시

해설 현재 시각은 10시이고, 아들이 보고 있는 드라마는 30분 후에 끝난다고 했다. 그래서 어머니는 아들에게 「じゃあ、10時半までに寝てね(그럼, 10시 반까지는 자야 해)」라고 말했으니 답은 3번이다.

어휘 何時(몇 시) | ～までに(~까지) | 寝る(자다) | ～なさい(~하거라) | もう(벌써, 이제) | 早く(빨리) | 少し(조금) | ～だけ(~만) | ドラマ(드라마) | 見る(보다) | あと(앞으로) | 終わる(끝나다) | 昨日(어제) | 同じ(같음, 동일함) | 言う(말하다) | お願い(부탁) | 分かる(알다, 이해하다) | 半(반)

6ばん

男の学生と女の学生が話しています。女の学生は昨日の夜、ごはんを食べたあと何をしましたか。

M：おはようございます。田中さん、昨日は何時に家に帰りましたか。

F：夜の９時頃です。図書館で勉強したあと、食堂でごはんを食べてからバスで家に帰りましたから、遅くなりました。

M：ああ、そうだったんですね。

F：清水さんは家に帰ってから、また勉強をしましたか。

M：いいえ。ごはんを食べながら少しだけテレビを見て、すぐ寝ました。

F：そうでしたか。昨日はたくさん勉強して疲れましたよね。

M：はい。明日のテスト、一緒に頑張りましょう。

女の学生は昨日の夜、ごはんを食べたあと何をしましたか。

1

2

3

4

6번 정답 3

남학생과 여학생이 이야기하고 있습니다. 여학생은 어젯밤, 밥을 먹은 후 무엇을 했습니까?

M：안녕하세요. 다나카 씨, 어제는 몇 시에 갔나요?

F：밤 9시쯤입니다. 도서관에서 공부한 후, 식당에서 밥을 먹고 나서 버스로 집에 갔기 때문에 늦어졌습니다.

M：아, 그랬군요.

F：시미즈 씨는 집에 가서 또 공부를 했나요?

M：아뇨. 밥을 먹으면서 조금만 텔레비전을 보고, 바로 잤어요.

F：그랬군요. 어제는 많이 공부해서 지쳤죠.

M：네. 내일 시험, 같이 열심히 해요.

여학생은 어젯밤, 밥을 먹은 후 무엇을 했습니까?

1

2

3

4

해설 문제는 '어젯밤에 밥을 먹은 후 여학생이 무엇을 했는가?'이다. 어제는 몇 시에 집에 갔냐는 남학생의 질문에 여학생은 「食堂でごはんを食べてからバスで家に帰りました(식당에서 밥을 먹고 나서 버스로 집에 갔습니다)」라고 했다. 즉, 여학생이 밥을 먹고 한 행위는 버스 타고 집에 간 것이니 답은 3번이다.

어휘 昨日(어제) | 夜(밤) | ごはん(밥) | 食べる(먹다) | あと(후, 이후) | ～あとで(~한 후에) | 何時(몇 시) | 家(집) | 帰る(돌아가다) | 頃(쯤, 무렵) | 図書館(도서관) | 勉強(공부) | 食堂(식당) | ～てから(~하고 나서) | バス(버스) | 遅い(늦다) | ～てから(~하고 나서) | また(또) | ～ながら(~하면서) | 少し(조금) | ～だけ(~만) | 見る(보다) | 寝る(자다) | たくさん(많이) | 疲れる(지치다) | 明日(내일) | 一緒に(같이, 함께) | 頑張る(힘내다)

もんだい3では、えを　みながら　しつもんを　きいて　ください。➡（やじるし）の　ひとは　なんと　いいますか。　1から3の　なかから、いちばん　いい　ものを　ひとつ　えらんで　ください。

문제3에서는 그림을 보면서 질문을 들으세요. ➡ (화살표)의 사람은 뭐라고 말합니까? 1에서 3 중에서 가장 알맞은 것을 하나 고르세요.

れい

お店にお客さんが入ってきました。何と言いますか。

F：1　いらっしゃいませ。

　　2　ありがとうございました。

　　3　いってらっしゃい。

예 정답 1

가게에 손님이 들어왔습니다. 뭐라고 말합니까?

F：1　어서오세요.

　　2　감사했습니다.

　　3　다녀오세요.

1ばん

今日から新しい会社で働きます。何と言いますか。

M：1　こちらこそ、よろしくお願いします。

　　2　はじめまして。田中です。よろしくお願いします。

　　3　はじめまして。どうぞ頑張ってください。

1번 정답 2

오늘부터 새 회사에서 일합니다. 뭐라고 말합니까?

M：1　저야말로 잘 부탁드립니다.

　　2　처음 뵙겠습니다. 다나카입니다. 잘 부탁드립니다.

　　3　처음 뵙겠습니다. 부디 열심히 해 주세요.

해설 신입 사원이 첫인사를 하는 상황으로 정답은 2번이다. 이 표현은 상투적인 인사말이니 그대로 외워 두면 요긴하게 사용할 수 있다. 1번과 3번은 신입 사원의 인사에 대한 답이므로 오답이다.

어휘 今日(오늘) | ～から(~부터) | 新しい(새롭다) | 会社(회사) | 働く(일하다) | こちらこそ(저야말로) | はじめまして(처음 뵙겠습니다) | お願い(부탁) | どうぞ(부디) | 頑張る(힘내다, 열심히 하다) | ～てください(~해 주세요)

<ruby>山<rt>やま</rt></ruby>を<ruby>登<rt>のぼ</rt></ruby>っています。のどがかわきました。<ruby>何<rt>なん</rt></ruby>と<ruby>言<rt>い</rt></ruby>いますか。

F：1 ちょっと<ruby>休<rt>やす</rt></ruby>んで<ruby>水<rt>みず</rt></ruby>を<ruby>飲<rt>の</rt></ruby>みませんか。

2 <ruby>何<rt>なに</rt></ruby>も<ruby>飲<rt>の</rt></ruby>みたくないですか。

3 お<ruby>水<rt>みず</rt></ruby>はあまり<ruby>飲<rt>の</rt></ruby>みません。

2번 정답 1

산을 오르고 있습니다. 목이 마릅니다. 뭐라고 말합니까?

F：1 조금 쉬고 물을 마시지 않을래요?

2 아무것도 마시고 싶지 않으세요?

3 물은 별로 안 마셔요.

해설 일단 「のどがかわきました(목이 마릅니다)」를 알아야 풀 수 있는 문제이다. 목이 마르면 당연히 물을 마시자는 표현이 나와야 할 테니 답은 1번이 된다. 2번은 상대방이 "마시고 싶지 않다"는 것을 전제로 하는 말이니 상황에 맞지 않는데, 「<ruby>何<rt>なに</rt></ruby>も(아무것도)」가 아닌 「<ruby>何<rt>なに</rt></ruby>か(무언가)」를 사용한다면 맞는 표현이 될 수도 있다. 3번은 목이 마른 상황에서는 맞지 않는 표현이다.

어휘 <ruby>山<rt>やま</rt></ruby>(산) | <ruby>登<rt>のぼ</rt></ruby>る(오르다) | のどがかわく(목이 마르다) | ちょっと(조금) | <ruby>休<rt>やす</rt></ruby>む(쉬다) | <ruby>水<rt>みず</rt></ruby>(물) | <ruby>飲<rt>の</rt></ruby>む(마시다) | 〜ませんか(〜하지 않을래요?) | <ruby>何<rt>なに</rt></ruby>も(아무것도) | 〜たい(〜하고 싶다) | あまり(그다지, 별로)

<ruby>美術館<rt>びじゅつかん</rt></ruby>です。<ruby>写真<rt>しゃしん</rt></ruby>を<ruby>撮<rt>と</rt></ruby>ってはいけません。<ruby>何<rt>なん</rt></ruby>と<ruby>言<rt>い</rt></ruby>いますか。

M：1 じゃあ、ここから<ruby>撮<rt>と</rt></ruby>るね。

2 この<ruby>場所<rt>ばしょ</rt></ruby>は、<ruby>写真<rt>しゃしん</rt></ruby>で<ruby>撮<rt>と</rt></ruby>ったほうがいいですよ。

3 ここでは<ruby>写真<rt>しゃしん</rt></ruby>を<ruby>撮<rt>と</rt></ruby>らないでください。

3번 정답 3

미술관입니다. 사진을 찍으면 안 됩니다. 뭐라고 말합니까?

M：1 그럼, 여기에서 찍을게.

2 이 장소는, 사진으로 찍는 편이 좋아요.

3 여기서는 사진을 찍지 말아 주세요.

해설 사진 촬영이 금지된 곳이니 「〜ないでください(〜하지 마세요)」라는 표현을 사용해 사진 찍지 말기를 요청하는 3번이 답이다. 1번은 사진 찍으면 안 된다는 말을 해야 하는데, 오히려 본인이 찍겠다고 하였으니 잘못된 내용이고, 2번은 찍지 말라는 것이 아니라 오히려 사진 찍기를 권유하고 있으니 잘못된 표현이다.

어휘 美術館(미술관)｜写真(사진)｜撮る(찍다)｜～てはいけない(~해서는 안 된다)｜じゃあ(그럼)｜ここから(여기에서)｜この(이)｜
場所(장소)｜～たほうがいい(~하는 편이 좋다)｜写真(사진)｜ここでは(여기서는)｜～ないでください(~하지 마세요)

4ばん

友達の英語の辞書を借りたいです。何と言いますか。

M：1　ちょっと借りてもいい？

　　2　辞書、借りたよ。

　　3　ちょっと貸していい？

4번 **정답** 1

친구의 영어사전을 빌리고 싶습니다. 뭐라고 말합니까?

M：1　좀 빌려도 돼?

　　2　사전, 빌렸어.

　　3　좀 빌려줘도 돼?

해설 우선 동사「借りる(빌리다)」와「貸す(빌려주다)」를 정확하게 구별할 수 있어야 한다. 친구에게「～てもいい(해도 괜찮다)」를 사용하여 사전을 빌리는 것에 대한 허가를 받고 있는 1번이 가장 정확한 표현이다. 2번은 이제부터 빌리려고 하는데 시제는 이미 완료가 되어 있으므로 맞지 않으며, 3번은「貸す(빌려주다)」를 사용하여 사전 주인이 빌려줘도 되냐고 묻고 있는 표현이다. 그림을 보면 사전을 빌려주는 사람은 왼쪽(화살표) 남학생이 아니라 오른쪽 남학생이므로 왼쪽 남학생의 말로는 적합하지 않다.

어휘 友達(친구)｜英語(영어)｜辞書(사전)｜借りる(빌리다)｜～たい(~하고 싶다)｜ちょっと(조금)｜～てもいい(~해도 괜찮다)｜貸す(빌려 주다)

5ばん

お客さんが帰ります。何と言いますか。

M：1　いらっしゃいませ。

　　2　また遊びに来てください。

　　3　ごちそうさまでした。

5번 **정답** 2

손님이 돌아갑니다. 뭐라고 말합니까?

M：1　어서 오세요.

　　2　또 놀러 오세요.

　　3　잘 먹었습니다.

해설 방문했던 손님이 귀가하고 있다. 따라서 배웅할 때 말할 법한 표현을 골라야 한다. 1번은 "어서 오세요"라는 표현으로 손님을 맞을 때 사용하는 표현으로 맞지 않는다. 그리고 3번은 "잘 먹었습니다"라는 표현으로 식사를 하고 나서 감사의 뜻을 전하는 말로 역시 정답이 아니다. 보기 2번의 "또 놀러 오세요"는 손님을 배웅하며 다시 놀러 올 것을 희망하는 표현이기 때문에 정답이 된다.

어휘 お客さん(손님) | 帰る(돌아가다) | 何(무엇) | 言う(말하다) | いらっしゃる(오시다) | いらっしゃいませ(어서오세요) | また(또, 다시) | 遊ぶ(놀다) | 来る(오다) | ~てくださる(~해 주시다) | ご馳走(대접, 맛있는 음식) | ご馳走さまでした(잘 먹었습니다)

もんだい4 もんだい4では、えなどが　ありません。ぶんを　きいて、1から　3のなかから、いちばん　いい　ものを　ひとつ　えらんでください。

れい

F：山本さん、先生の電話番号を知っていますか。

M：1　いいえ、もちろんです。

　　2　はい、少しだけ知っています。

　　3　いいえ、分かりません。

문제4 문제4에서는 그림 등이 없습니다. 문장을 듣고, 1에서 3 중에서 가장 알맞은 것을 하나 고르세요.

예 **정답** 3

F：야마모토 씨, 선생님의 전화번호를 알고 있나요?

M：1　아니요, 물론이죠.

　　2　네, 조금만 알고 있어요.

　　3　아뇨, 모르겠어요.

1ばん

F：これからどこに行きますか。

M：1　家に帰ってきました。
　　2　食堂に行きます。
　　3　レストランに行きました。

해설 질문의 포인트는 「これから(이제부터)」라고 했으니 시제는 미래가 되야 하고, 「どこ(어디)」라고 했으니 목적지가 나와야 하므로 가장 맞는 반응은 2번이 된다.

어휘 どこ(어디)｜行く(가다)｜家(집)｜帰る(돌아가다)｜食堂(식당)｜レストラン(레스토랑)

1번 정답 2

F：이제부터 어디로 갑니까?

M：1　집에 돌아왔습니다.
　　2　식당에 갑니다.
　　3　레스토랑에 갔습니다.

2ばん

M：いつからピアノを習っていますか。

F：1　小学生のときから習っています。
　　2　昨日、習いました。
　　3　今日、ピアノを弾きました。

해설 질문의 포인트는 피아노를 「いつから(언제부터)」 배웠냐이므로 피아노를 배우기 시작한 시점을 나타내는 단어가 나와야 하므로 답은 「〜から(〜부터)」를 사용한 1번이다.

어휘 いつ(언제)｜〜から(〜부터)｜ピアノ(피아노)｜習う(배우다)｜〜ている(〜하고 있다)｜小学生(초등학생)｜昨日(어제)｜今日(오늘)｜弾く(악기를 연주하다, 치다)

2번 정답 1

M：언제부터 피아노를 배우고 있습니까?

F：1　초등학생 때부터 배우고 있습니다.
　　2　어제 배웠습니다.
　　3　오늘 피아노를 쳤습니다.

3ばん

F：お茶はいかがですか。

M：1　はい、どういたしまして。
　　2　はい、いってらっしゃい。
　　3　はい、いただきます。

해설 「いかがですか(어떠세요?)」는 상대에게 무언가를 권유할 때 사용하는 표현이다. 대개는 음식이나 음료수를 권하는 경우가 많은데 이럴 때는 "잘 먹겠습니다"라고 인사해야 하므로 답은 3번이다. 1번은 감사 인사를 받았을 때, 2번은 외출하는 사람을 배웅할 때 사용하는 표현이다.

어휘 お茶(차)｜いかがですか(어떠세요)｜どういたしまして(천만에요)｜いってらっしゃい(다녀오세요)｜いただきます(잘 먹겠습니다)

3번 정답 3

F：차는 어떠세요?

M：1　네, 천만에요.
　　2　네, 다녀오세요.
　　3　네, 잘 먹겠습니다.

4ばん

M：どの駅で電車を降りますか。

F：1　前の駅で降ります。

　　2　さっきの駅で降ります。

　　3　次の駅で降ります。

4번　정답 3

M：어느 역에서 전차를 내립니까?

F：1　전 역에서 내립니다.

　　2　아까 역에서 내립니다.

　　3　다음 역에서 내립니다.

해설　「どの駅(어느 역)」에서 내릴 것이냐고 묻고 있으므로 가장 적당한 대답은 「次の駅(다음 역)」라고 답한 3번이 된다. 1번, 2번은 질문 내용에 맞지 않는 대답이다.

어휘　どの(어느) | 駅(역) | 電車(전철) | 降りる(내리다) | 前(전, 이전) | さっき(아까) | 次(다음)

5ばん

F：今、忙しいですか。

M：1　はい、今から行きます。

　　2　はい、とても忙しいです。

　　3　いいえ、痛いです。

5번　정답 2

F：지금 바쁜가요?

M：1　네, 지금부터 갈게요.

　　2　네, 매우 바빠요.

　　3　아뇨, 아파요.

해설　상대가 지금 바쁘냐고 묻고 있는데 가장 맞는 대답은 2번이다. 1번도 「はい(네)」라고 대답했지만 바쁘냐고 물었을 뿐이지 앞으로 무엇을 할 것인지에 대해서는 묻지 않았으므로 답이 될 수 없다. 3번은 질문과 전혀 맞지 않는 엉뚱한 대답이다.

어휘　今(지금) | 忙しい(바쁘다) | ～から(~부터) | 行く(가다) | とても(매우, 정말) | 痛い(아프다)

6ばん

M：何日に旅行に行きますか。

F：1　一日から行きます。

　　2　八日に帰ります。

　　3　二十日に言います。

6번　정답 1

M：며칠에 여행을 갑니까?

F：1　1일부터 갑니다.

　　2　8일에 돌아옵니다.

　　3　20일에 말합니다.

해설　질문의 포인트는 여행 출발 날짜이다. 따라서 구체적인 날짜로 대답하는 것이 맞으므로 정답은 1번이다. 2번은 여행에서 돌아오는 날짜에 관한 대답이므로 오답이고, 3번은 「言います(말합니다)」라고 했으므로 답이 될 수 없다.

어휘　何日(며칠) | 旅行(여행) | 行く(가다) | 一日(1일) | ～から(~부터) | 八日(8일) | 帰る(돌아가다, 돌아오다) | 二十日(20일) | 言う(말하다)

언어지식(문자·어휘)

もんだい1		もんだい4	
1	1	19	1
2	2	20	3
3	2	21	2
4	4		
5	3		
6	4		
7	1		
もんだい2			
8	2		
9	1		
10	3		
11	3		
12	4		
もんだい3			
13	2		
14	1		
15	4		
16	3		
17	4		
18	1		

언어지식(문법)·독해

もんだい1		もんだい3	
1	2	14	1
2	4	15	3
3	3	16	2
4	2	17	3
5	1	もんだい4	
6	4	18	3
7	1	19	4
8	1	もんだい5	
9	3	20	1
もんだい2		21	2
10	2	もんだい6	
11	1	22	2
12	4		
13	3		

청해

もんだい1		もんだい3	
れい	3	れい	1
1ばん	1	1ばん	3
2ばん	4	2ばん	3
3ばん	3	3ばん	1
4ばん	3	4ばん	2
5ばん	3	5ばん	3
6ばん	2	もんだい4	
7ばん	2	れい	3
もんだい2		1ばん	2
れい	2	2ばん	1
1ばん	1	3ばん	3
2ばん	4	4ばん	3
3ばん	2	5ばん	2
4ばん	3	6ばん	1
5ばん	4		
6ばん	3		

1교시 언어지식(문자·어휘)

본책 111 페이지

もんだい 1 _____의 말은 히라가나로 어떻게 씁니까? 1·2·3·4에서 가장 알맞은 것을 하나 고르세요.

1 정답 1

4일부터 8일까지 아버지와 여행했습니다.

해설「八日」는「はちにち」로 읽지 않고,「ようか」로 읽으므로 정답은 1번이다. 다른 선택지에 있는 2 六日(6일), 3 十日(10일), 4 二十日(20일)도 반드시 기억해 두자.

빈출 十四日(14일)|十九日(19일)|二十日(20일)|二十四日(24일)|二十九日(29일)|四分(4분)

어휘 よっか(4일)|〜から(〜부터)|八日(8일)|〜まで(〜까지)|ちち(아버지)|〜と(〜와)|りょこうする(여행하다)

2 정답 2

겉옷을 입었습니다.

해설「上着」은「うわぎ」로 읽고 뜻은 '겉옷, 웃옷'이다.「上」의 발음은 항상 주의하자. N5레벨에서는 많이 나오지 않지만, 고급 레벨에서는 자주 출제되는 한자이다.「うえ」로 읽는 것이 기본인데 지금처럼「うわ」로 읽는 단어가 자주 출제되니 주의하기 바란다. 답은 2번이다

빈출 上(위)|下(아래)|横(옆)

어휘 きる(입다)

3 정답 2

나는 더위에 매우 약합니다.

해설「弱い」는「よわい」라고 읽으며, '약하다'라는 의미이다. 반대 의미를 가진 '강하다'「強い」도 함께 기억해 두자.

빈출 悪い(나쁘다)|可愛い(귀엽다)|深い(깊다)|寒い(춥다)

어휘 わたし(나)|寒さ(추위)|とても(매우)

4 정답 4

여동생은 회사에 갔습니다.

해설「会社」는 '회사'라는 의미이며「かいしゃ」라고 읽는다.「会」는 훈독으로는「会う(만나다)」라고 읽으며 음독으로는「かい」로 읽는다. 탁음의 유무에 주의해서 기억해 두자.

빈출 会社員(회사원)|銀行(은행)|外国(외국)

어휘 いもうと(여동생)|いく(가다)

5 정답 3

방 창문에서 강이 보입니다.

해설「川」의 음독은「せん」이고 훈독은「かわ(강)」이므로, 답은 3번이다.

빈출 空(하늘)|海(바다)|山(산)

어휘 へや(방)|まど(창문)|みえる(보이다)

6 정답 4

내일은 몇 명 갑니까?

해설「何」는 훈독으로「なに」또는「なん」으로 읽는다. 음의 구분법이 명확하지 않은 경우도 많으나, 주로 다음과 같이 구분한다. 1)「何」뒤에 [d] [t] [n] 음이 올 경우「なん」이 되며, 2)「何」뒤에 조수사가 올 경우 즉 '어느 정도', '양'을 가리킬 때는「なん」이 된다.「何人」의 경우에도 뒤에 [n] 음이 왔으므로「なんにん」으로 읽는다.

빈출 何か(무언가)

어휘 あした(내일)|何人(몇 명)|いく(가다)

7 정답 1

여름 방학에는 언제나 모국에 돌아갑니다.

해설「나라 국 国」은 음독으로「こく」라고 읽으며, 훈독으로는「くに」라고 읽는다. '나라'라는 의미 외에, '고향, 고국, 모국'이라는 의미도 있다.

빈출 国内(국내)|国民(국민)|外国(외국)

어휘 なつやすみ(여름 방학)|いつも(언제나, 항상)|国(나라, 고향)|かえる(돌아가다)

（もんだい2） _____의 말은 어떻게 씁니까? 1・2・3・4에서 가장 알맞은 것을 하나 고르세요.

8 정답 2

손수건을 빨았습니다.

해설 외래어 표기 문제에 자주 나오는 단어 중 하나인데, 「ン」과 「ソ」의 가타카나표기는 헷갈리기 쉬우니 주의해서 기억해 두자.

빈출 パーティー(파티)

어휘 ハンカチ(손수건) | あらう(씻다, 빨다)

9 정답 1

오후 3시 영화를 봅니다.

해설 「後」는 음독으로 「ご」라고 읽고 훈독으로는 「あと」라고 읽는다. 「午」는 「牛(소)」와 한자가 비슷하니 헷갈리지 않도록 주의해서 기억해 두자.

빈출 午前(오전) | 前(앞)

어휘 ごご(오후) | ～じ(～시) | えいが(영화) | みる(보다)

10 정답 3

도서관과 은행 사이에 학교가 있습니다.

해설 「あいだ」는 '(시간이나 공간의) 사이'라는 의미로 한자로는 「間」라고 쓴다. 「間」은 음독으로는 「かん」이라고 읽고 훈독으로는 「あいだ」라고 읽는다. 「문 문 門」과 「물을 문 問」과 헷갈리지 않도록 주의하자.

빈출 問題(문제) | 開ける(열다) | 閉じる(닫다)

어휘 としょかん(도서관) | ぎんこう(은행) | あいだ(사이) | がっこう(학교) | ある(있다)

11 정답 3

이 책은 매우 쌉니다.

해설 「安い」는 '(가격이)싸다'는 의미로, 반대 의미로는 「高い(비싸다)」가 있다. 「高い」는 '높다'라는 의미로도 사용된다. 기본 형용사는 문제에 자주 출제되므로 잘 정리해 두자.
  ＊遅い(느리다, 늦다) ⇔ 速い(속도 등이 빠르다)
　明るい(밝다) ⇔ 暗い(어둡다)

빈출 高い(높다, 비싸다) | やさしい(친절하다) | 重い(무겁다) | 古い(낡다, 오래되다)

어휘 この(이) | ほん(책) | とても(매우, 몹시) | やすい(싸다)

12 정답 4

나는 귀여운 옷을 좋아합니다.

해설 선택지에서 「ふく」로 읽는 한자는 1, 3, 4번인데 문맥상 4번 「服(옷)」이 들어가야 자연스럽다. 참고로 1번 「福」은 '복'이란 뜻이고 3번 「副」는 '부~'란 뜻이다.

빈출 副(부)

어휘 わたし(나, 저) | かわいい(귀엽다) | ふく(옷) | ～がすきだ(~을,를 좋아하다)

（もんだい3） (　　　)에 무엇이 들어갑니까? 1・2・3・4에서 가장 알맞은 것을 하나 고르세요.

13 정답 2

이 케이크는 설탕이 많이 들어가서 (답)니다.

해설 '설탕이 많이 들어가' 있다고 했으므로 문맥상 괄호 안에 '달다'가 들어가면 문장이 자연스럽게 이어지므로 정답은 2번이 된다.

오답 1 くろい(검다), 3 わかい(젊다), 4 ながい(길다)

어휘 この(이) | ケーキ(케이크) | さとう(설탕) | たくさん(많은) | はいる(들어가다)

14 정답 1

머리가 아파서 (병원)에 갔습니다.

해설 「あたまが　いたい」는 '머리가 아프다'는 뜻으로 문맥상 자연스러운 것은 선택지 1번 병원이 된다. 「病院」은 '병원'이라는 뜻이다. 다른 선택지의 단어들도 함께 기억해 두자.

오답 2 銀行(은행), 3 学校(학교), 4 西口(서쪽 출구)

어휘 あたま(머리) | いたい(아프다) | いく(가다)

15 정답 4

(지갑)을 집에 잊어버리고 와서 돈이 없습니다.

해설 문장 맨 뒤에 「おかねが　ない(돈이 없다)」가 있으니 이 내용과 매치할 수 있는 단어를 찾아야 하고, 정답은 4번 「さいふ(지갑)」이 된다.

오답 1 とけい(시계), 2 いす(의자), 3 しゃしん(사진)

어휘 いえ(집) | わすれる(잊어버리다) | くる(오다) | おかね(돈) | ない(없다)

16 정답 3

> 마에다 "이웃 가게에서 (과일)을 싸게 팔고 있습니다."
> 김   "저도 귤을 샀습니다."

해설 문장 뒤에서 '~을 팔고 있다'라고 했으니 팔 수 있는 단어가 들어가야 하고, "~을 팔고 있다"는 말에 대해서 "저도 귤을 샀습니다"라고 대답하고 있으므로, 정답은 3번「くだもの (과일)」이 된다.

오답 1 のりもの(탈 것), 2 のみもの(마실 것), 4 かいもの (쇼핑)

어휘 となり(옆, 이웃)｜みせ(가게)｜～で(~에서)｜くだもの (과일)｜やすい(싸다, 저렴하다)｜うる(팔다)｜～ている (~하고 있다)

17 정답 4

> 그는 선생님의 질문에 (대답)하지 않았습니다.

해설 문장에「しつもん(질문)」이란 단어가 나왔으니, 답은 4번 「こたえる(대답하다)」가 된다.「～に答える(~에 대답하다)」를 기억해 두자.

오답 1 おそわる(배우다), 2 つかう(쓰다, 사용하다), 3 みがく (문질러서 닦다)

어휘 かれ(그)｜せんせい(선생님)｜しつもん (질문)｜に(~에) ｜こたえる(대답하다)

18 정답 1

> 여기서는 (작은) 목소리로 이야기해 주세요.

해설 문장 뒤에서 '~소리로 이야기해 주세요'라고 했으니, '큰 소리' 아니면 '작은 소리'가 나와야 할 것이다. 답은 1번「ちいさい(작다)」가 들어가서「ちいさい こえ(작은 소리)」가 된다. 반대의 의미인「大きい(큰, 크다)」도 알아두자.

오답 2 ほそい(가늘다), 3 まるい(둥글다), 4 みじかい(짧다)

어휘 ここ(여기)｜～では(~에서)｜ちいさい(작다)｜こえ(소리, 목소리)｜はなす(이야기하다)｜～てください(~해 주세요)

もんだい 4 _____의 문장과 대체로 같은 의미의 문장이 있습니다. 1・2・3・4에서 가장 알맞은 것을 하나 고르세요.

19 정답 1

> 저 건물에 유명한 카페가 있습니다.
> 1 저 빌딩에 유명한 카페가 있습니다.
> 2 저 뉴스에 유명한 카페가 있습니다.
> 3 저 맥주에 유명한 카페가 있습니다.
> 4 저 공원에 유명한 카페가 있습니다.

해설 포인트 단어는「たてもの(건물)」이다. 이 단어와 가장 가까운 뜻을 가진 단어는 1번「ビル(빌딩)」이다.「ビル(빌딩)」에 장음이 들어가면「ビール(맥주)」처럼 전혀 다른 의미가 되니 주의하자.

오답 2 ニュース(뉴스), 3 ビール(맥주), 4 こうえん(공원)

어휘 あの(저)｜たてもの(건물)｜ゆうめい(유명)｜カフェ(카페)｜ある(있다)

20 정답 3

> 스미스 씨는 야마다 씨에게 영어를 가르쳤습니다.
> 1 스미스 씨는 야마다 씨에게 영어를 가르쳐주지 않았습니다.
> 2 스미스 씨는 야마다 씨에게 영어를 들었습니다.
> 3 야마다 씨는 스미스 씨에게 영어를 배웠습니다.
> 4 야마다 씨는 스미스 씨에게 영어를 받았습니다.

해설「教える」는 '가르치다'라는 의미로, 동사의 뜻과 함께 누가 누구에게 가르쳤는지 묻고 있는 문제이다. 가르친 사람은 '스미스 씨'이고 배운 사람은 '야마다 씨'이므로「習う(배우다)」를 사용하여, '야마다 씨'가 '스미스 씨'에게 영어를 '배웠다'라고 한 3번이 답이 된다.

오답 1 おしえません(가르치지 않습니다), 2 ききます(듣습니다), 4 もらいます(받습니다)

어휘 えいご(영어)｜～に(~에게)｜おしえる(가르치다)

21 정답 2

> 오늘은 엄마의 생일입니다.
> 1 오늘은 엄마가 운 날입니다.
> 2 오늘은 엄마가 태어난 날입니다.
> 3 오늘은 엄마가 결혼한 날입니다.
> 4 오늘은 엄마가 선물을 준 날입니다.

해설「誕生日」는 '생일'이란 뜻이므로,「生まれる(태어나다)」가 쓰인 2번이 정답이다.

오답 1 なく(울다), 3 けっこんする(결혼하다), 4 プレゼントを あげる(선물을 주다)

어휘 きょう(오늘)｜はは(어머니)｜たんじょうび(생일)

もんだい1 (　　　)에 무엇을 넣습니까? 1·2·3·4에서 가장 알맞은 것을 하나 고르세요.

1 정답 2

아빠는 나무(로) 책상을 만들었습니다.

해설 ★N+で: ~로

무엇으로 만들었는지 재료를 표현할 때는 조사 「で」를 사용한다. 따라서, 정답은 2번이다. 「かみで にんぎょうを つくる(종이로 인형을 만들다)」처럼 재료 혹은 구성 요소를 나타낸다. 「で」는 용법이 많고 복잡하니 잘 정리해 두자. 「に」는 '도착점, (동작, 행위)상대, 장소' 등을 나타낸다.

오답 1 を(~을, 를), 3 に(~에), 4 が(~이, 가)

어휘 ちち(아빠) | 木(나무) | つくえ(책상) | つくる(만들다)

2 정답 4

나는 2명 형제입니다(형제가 2명입니다). 남동생(과) 저입니다.

해설 ★N+と: ~와, 과(열거, 병립)

형제가 2명 있는데, '남동생과 나'라고 열거하고 있으므로, 괄호에는 4번 「と」가 들어가야 한다. 「と」에는 '열거, (동작의)상대, 함께 동작을 하는 사람, 비교 대상, (변화) 결과, 인용' 등의 용법이 있는데, N5에서 주로 출제되는 것은 병립(열거)과, 상대, 함께 동작을 하는 사람'의 용법이다. 「N1 と N2」처럼 2개 이상의 명사가 병립되어 있다는 것을 나타내는데, 「つくえの うえに えんぴつ や ノートが ある(책상 위에 연필과 노트가 있다)」는 '책상 위에 연필과 노트 이외에도 여러가지가 있고, 그 중에서 대표적인 것 2가지를 예시로 들 때'에 사용되는 반면, 「と」를 사용한 「つくえの うえに えんぴつ と ノートが ある(책상 위에 연필과 노트가 있다)」의 경우, 책상 위에 있는 것은 '연필과 노트'가 전부라는 뉘앙스를 갖는다.

오답 1 も(~도), 2 の(~의), 3 か(~나, ~인가)

어휘 わたし(나, 저) | 二人(두 명) | きょうだい(형제) | おとうと(남동생)

3 정답 3

A "이 약은 (먹지 않아도) 됩니까?"
B "아니요, 그 약도 함께 먹어 주세요"

해설 ★동사 ない형+なくてもいいです: ~하지 않아도 됩니다

「~てもいいです(~해도 됩니다, 좋습니다)」와 함께 부정형인 「~なくてもいいです(~하지 않아도 됩니다, 좋습니다)」도 함께 알아야 한다. 1번은 「~なければなりません(~하지 않으면 안 됩니다)」으로 기억하고, 2번은 「~なくてはいけません(~하지 않으면 안 됩니다)」으로 기억하기 바란다.

오답 1 のまなければ(마시지 않으면) 2 X 4 のまないで(마시지 말아)

어휘 くすり(약) | いっしょに(함께, 같이) | のむ(약을 먹다) | ~て ください(~해 주세요)

4 정답 2

리 "여기 레스토랑 아직 안 열렸습니까?"
사토 "네, 그렇지만 항상 11시에 문을 여니까 곧 (열리겠지요)."

해설 ★동사 기본형+でしょう: ~하겠죠(추측)

레스토랑의 오픈 여부에 대한 질문에 사토는 「もうすぐ(곧, 금방, 머지않아)」에 이어진 대답을 하고 있다. 따라서 '곧 열릴 것'이라는 예측에 어울리는 보기 2번이 정답이 된다. 한편, '~합니다'라는 동사의 정중형은 「ます」를 사용하기 때문에 선택지 1번은 활용이 적합하지 않으며, 앞으로의 일을 이야기하는 문맥에 과거시제가 적합하지 않기 때문에 보기 3번과 4번 역시 오답이 된다.

오답 1 X, 3 あきました(열었습니다), 4 あきませんでした(열지 않았습니다)

어휘 レストラン(레스토랑) | まだ(아직) | でも(그렇지만) | いつも(언제나) | 開く(열다) | もうすぐ(곧, 금방, 머지않아)

5 정답 1

여기는 역이 멀어서 (편리하지) 않습니다.

해설 ★な형용사だ+じゃない : ～하지 않다

な형용사를 연결하는 표현이다. な형용사를 부정형과 연결할 때는 어미 「だ」를 「ではない/じゃない」로 바꿔야 한다. 이 문제에서는 「じゃない」라는 부정형에 이어지고 있고, '역에서 멀다'고 했으므로 정답은 1번이 된다.

な형용사의 활용형은 자주 출제되니 잘 정리해 두면 좋다. な형용사는 1) な형용사だ+だった (과거형)

2) な형용사だ+ではない/じゃない (부정형)

3) な형용사だ+な　N (명사 수식)

4) な형용사だ+に　V (동사 수식)

와 같이 활용된다. 이외에도 열거할 때에는, 「ここは　しずかで　きれいです(이곳은 조용하고 깨끗합니다)」「ここは　きれいで　ひろいです(이곳은 깨끗하고 넓습니다)」처럼 활용한다. 참고로 い형용사를 연결할 때는 어미 「い」를 「くて」로 바꿔야 한다. 「ここは　ひろくて　きれいです(이곳은 넓고 깨끗합니다)」

오답 2 たいせつ (소중한, 중요한), 3 ふべん (불편한), 4 じょうず (능숙한)

어휘 ここ (여기) | えき (역) | とおい (멀다)

6 정답 4

어제(는) 비가 내렸습니다만, 오늘(은) 내리지 않습니다.

해설 ★N+は : ～은, 는

조사 「は」를 두 번 사용하여 「Aは～、Bは～(A는~, B는 ~)」을 만들어 AB를 대비하는 문형이다. 예를 들자면, 「みずは　のみますが、　おさけは　のみません(물은 마십니다만, 술은 마시지 않습니다)」처럼, 두 개의 내용을 대비할 때 사용한다. 한편 3번 「も/も(Aも～、Bも～)」가 들어가면 AB를 묶어서 강조하는 표현이다. 「みずも　おさけも　のみます(물도 술도 마십니다)」

선택지 1번은 일본어의 '주고 받기' 수수표현에 사용되는 조사 「に」이다. 조사 「に」는 「(私は)　ももかちゃんに　チョコレートを　もらいました('저는' 모모카에게 초콜릿을 받았습니다)」처럼 동작의 대상을 표현할 때 사용하는 표현이다. 참고로, 조사 「へ」는 주고받기 표현에서 절대 쓰이지 않는다.

「私は Aさんに　本を　あげる(○)」나는 A 씨에게 책을 주다

「私は Aさんへ　本を　あげる(✘)」

오답 1 ～に (~에게), 2 ～を (~을, 를), 3 ～も (~도)

어휘 きのう (어제) | あめ (비) | ふる (내리다) | ～ましたが (~입니다만) | きょう (오늘) | ～ていません (~고 있지 않습니다)

7 정답 1

다카하시　"여보세요, 다카하시입니다(만), 야마모토 씨 있습니까?"

야마모토의 엄마　"죄송합니다. 지금 집에 없습니다"

해설 ★보통형+が : ～이지만, ～입니다만

'보통형+が'는 '～인데, ～입니다만'이란 뜻으로 전화에서 자신을 소개하거나, 이야기의 서두에서 전제가 되는 내용을 소개할 때 사용한다. 앞부분과 뒷부분이 정 반대되는 내용인 '역접'을 나타낼 때 사용하기도 한다. 여기에서는 자신을 소개하며, '야마모토 씨는 있습니까?"라고 질문하고 있으므로 정답은 1번이 된다.

오답 2 ～も (~도), 3 ～を (~을, 를), 4 ～と (~와, 과)

어휘 もしもし (여보세요) | いる (있다) | 母 (엄마) | すみません (죄송합니다) | いま (지금) | いえ (집) | いません (없습니다)

8 정답 1

선생님은 교실(에) 없습니다.

해설 ★N+に : ～에

조사 「に」는 '사물이 존재하는 장소, 사물이 출현하는 장소'를 나타낼 수 있다. 예를 들자면 「つくえの　上に　本がある(책상 위에 책이 있다)」에서 「に」는 '책이 존재하는 장소'를 나타낸다. 이 문제에서는 '선생님이 교실에 없다'라는 '존재하지 않는다'는 것을 나타내므로 정답은 1번이 된다. 조사 「で」와 헷갈리기 쉬우나, 「で」는 「きょうしつで　こどもたちが　あそんで　いる(교실에서 아이들이 놀고 있다)」처럼 '동작이 발생하는 장소'를 나타낼 때 사용한다.

오답 2 で (~에서), 3 へ (~로, 으로), 4 は (~은, 는)

어휘 せんせい (선생님) | きょうしつ (교실) | いません (없습니다)

9 정답 3

A "선생님, 어제는 고마웠습니다"
B "아니요, (천만에요).

해설 ★どういたしまして : 천만의 말씀입니다

상대방이 칭찬이나 감사의 말에 대해서 상대방의 말을 부정하며 겸손하게 대답하는 표현으로 「どういたしまして(천만의 말씀입니다)」가 있다. 여기에서는 상대방이 감사의 말을 전하자, 공손하게 대답하는 장면이므로 정답은 3번이 된다. 오답 선택지에도 자주 출제되는 어휘이므로 꼭 체크해 두자.

오답 1 しつれいします(실례하겠습니다), 2 いってきます(다녀오겠습니다), 4 いただきます(잘 먹겠습니다)

어휘 せんせい(선생님) | きのう(어제) | ありがとうございます(고맙습니다) | いいえ(아니요)

もんだい2 ★ 에 들어갈 것은 어느 것입니까? 가장 알맞은 것을 1·2·3·4에서 하나 고르세요.

10 정답 2(4-2-1-3)

4 朝^{あさ}	2 ★から	1 雨^{あめ}	3 が
아침	★부터	비	가

해석 오늘은 아침부터 비가 내리고 있습니다.

해설 우선 「から」와 접속할 수 있는 선택지는 1번과 4번인데, 4번에 접속하여 '아침부터'가 되어야 자연스럽고, 뒤에 「ふっていません(내리고 있지 않습니다)」이 있으니, 주어는 1번 「雨^{あめ}(비)라는 것을 알 수 있다. 따라서 바르게 나열하면 4-2-1-3이 되고, 정답은 2번이다.

어휘 きょう(오늘) | 朝^{あさ}(아침) | ～から(~부터) | 雨^{あめ}(비) | ふる (비, 눈 등이 내리다, 오다) | ～ている(~하고 있다)

11 정답 1(3-2-1-4)

3 えいが	2 でも	1 ★見	4 に
영화	라도	★보	러

해석 스즈끼 "오오타 씨, 내일 영화라도 보러가지 않을래요?"
오오타 "좋아요. 갑시다."

해설 우선, '동사의 ます형'에 「～にいく」를 접속하면 '~하러 가다'라는 목적의 의미가 된다. 따라서 1번에 4번을 연결할 수 있다. 그리고 2번 「でも」는 명사에 접속하여야 하므로 3번+2번을 연결할 수 있다. 따라서 올바르게 나열하면 3-2-1-4가 된다.

어휘 あした(내일) | えいが(영화) | ～でも(~라도) | みる(보다) | ～ませんか(~하지 않을래요?) | いいです(좋아요) | 行く^い(가다) | ～ましょう(~합시다)

12 정답 4(3-1-4-2)

3 ボールペン	1 と	4 ★どちら	2 が
볼펜	과	★어느 쪽	이

해석 "당신은 연필과 볼펜과 어느 쪽을 좋아합니까?"

해설 「AとBと どちらが 好^すきですか(A와 B와 어느 쪽을 좋아합니까?)」는 '2개를 비교하여 어느 쪽이 더 낫다, 좋다'라는 비교구문에서 사용되는 표현이다. 앞에 「えんぴつと(연필과)」가 제시되어 있으므로, 3번과 1번을 연결할 수 있으므로 올바르게 배열하면 3-1-4-2가 되고 정답은 4번이 된다. N5 레벨에서 자주 출제되는 문형이므로 꼭 기억해 두자.

어휘 あなた(당신, 너) | えんぴつ(연필) | と(~와, 과) | ボールペン(볼펜) | どちら(어느 쪽) | ～がすきですか(~을, 를 좋아합니까?)

13 정답 3 (2-4-1-3)

2 に	4 は	1 エアコン	3 ★が
에	는	에어컨	★이

해석 이 방에는 에어컨이 없으니까 몹시 덥습니다.

해설 우선 「に」 앞에는 장소를 나타내는 명사가 올 수 있으며, 「に」와 「が」는 접속할 수 없으므로 2번에 4번을 연결할 수 있다. 그리고, 문맥상 '에어컨이 없어서 덥다'라는 문장을 만들면 의미가 자연스럽게 이어지므로, 올바르게 배열하면 2-4-1-3이 되고 정답은 3번이다.

어휘 この(이) | へや(방) | ～には(~에는 | エアコン(에어컨) | ～がない(~이, 가 없다) | とても(매우, 몹시) | あつい (덥다)

14~17

다음은 아마노 씨가 '취미'에 대하여 쓴 작문입니다.

　　제 취미는 텔레비전으로 드라마를 14 보는 것입니다. 특히 의사나 간호사가 주역인 병원 드라마를 15 가장 좋아합니다. 어렸을 때부터 병원 드라마를 좋아했습니다. 의사는 병이나 다친 사람을 16 살립니다. 멋있습니다. 어렸을 때는 의사가 되고 싶다고 생각했습니다. 17 하지만 지금은 드라마를 보는 것 만으로 즐겁습니다. 그리고 의사나 간호사인 사람들은 정말 대단하다고 생각합니다.

어휘 つぎ(다음) | しゅみ(취미) | ～について(~에 관해서) | かく(쓰다) | さくぶん(작문) | ドラマ(드라마) | とくに(특히) | 医者(의사) | ～や(~나, ~랑) | 看護師(간호사) | 主役(주역) | びょういん(병원) | すきだ(좋아하다) | こどものときから(어렸을 때부터) | びょうき(병) | けがをする(다치다) | 人(사람) | かっこいい(멋있다) | ～になる(~이 되다) | ～たいと思う(~하고 싶다고 생각하다) | いまは(지금은) | ～だけで(~만으로) | たのしい(즐겁다) | 人たち(사람들) | ほんとうに(정말로) | すごい(대단하다, 굉장하다) | あまり(그다지) | ぜんぜん(전혀) | いちばん(가장) | そんなに(그렇게) | 助ける(살리다, 돕다)

---

14 정답 1

1	보는	2	듣는
3	마시는	4	파는

해설 아마노 씨는 자신의 취미가 '텔레비전으로 드라마를 ~ 하는 것'이라고 소개하고 있는데, '드라마를 보다'는 「ドラマをみる(드라마를 보다)」라고 하며, 정답은 1번이다. 또한, 일본어로 취미를 설명할 때, 동사를 사용하여 '취미는 ~하는 것'이란 표현은 「私の趣味はゲームをすることです(제 취미는 게임을 하는 것입니다)」처럼 「동사기본형＋ことです(~하는 것입니다)」 형태로 나타낸다. 「こと」 대신에 「の」를 써서는 안 된다. 「私の趣味はゲームをするのです(✖)」

---

15 정답 3

1	그다지	2	같은
3	가장	4	그렇게

해설 앞에서 본인의 취미가 드라마를 보는 것이라고 했다. 「とくに(특히)」라는 단어는 여럿 있는 후보 중에서 한 가지를 콕 집어 강조할 때 사용하는 표현이다. 따라서 그 드라마들 중에서 콕 집어 병원 드라마를 「いちばん(가장)」 좋아한다고 해야 문장이 자연스럽게 이어지므로 답은 3번이 된다.

---

16 정답 2

1	살려 봅니다	2	살립니다
3	살리고 싶습니다	4	살리고 옵니다

해설 이 문장에서는 의사라는 직업에 대한 소개를 하고 있다. 의사는 사람을 살리는 직업이므로 가장 알맞은 표현은 2번이다. 1번 「～てみます」는 한 번 시도해 보겠다는 뜻이므로 답이 될 수 없고, 3번 4번은 문맥에 전혀 맞지 않는 표현이다.

---

17 정답 3

1	왜	2	그리고
3	하지만	4	그러니까

해설 이 글을 쓴 아마노 씨는 '어렸을 때는 의사가 되고 싶다고 생각했다'고 하고, 그 뒤에서 '지금은 드라마를 보는 것 만으로 즐겁다'고 했으므로, 반대되는 내용이 이어져 있다. 따라서 문맥상 자연스러운 것은 3번 「でも(하지만)」이 되고 정답은 3번이다.

もんだい4 다음 (1)부터 (2)의 문장을 읽고 질문에 답하세요. 답은 1·2·3·4에서 가장 알맞은 것을 하나 고르세요.

18 정답 3

(1)

지난 주 가족 모두 도쿄에 갔습니다. 첫째 날에는 1년 전에는 없었던 재미있는 가게가 많이 있어서 거기에서 쇼핑을 했습니다. 그 다음 날에는 먹고 싶었던 라면을 먹을 수 있어서 기뻤습니다. 시간이 없어서 후지산에는 가지 못했습니다. 여름 방학이 되면, 친구들과 디즈니랜드에 가고 싶습니다.

두 번째 날에 내가 간 것은 어디입니까?

1　도쿄의 재미있는 가게
2　후지산이 보이는 가게
3　먹고 싶었던 라면 가게
4　디즈니랜드

해설 첫째 날에는 '1년 전에는 없었던 재미있는 가게'에서 쇼핑을 하고 그 다음날에는 '라면'을 먹으러 갔다고 했다. 여기에서 '그 다음날=두 번째 날'이므로 정답은 3번이 된다.

어휘 先週(지난 주)｜家族で(가족 모두)｜東京(도쿄)｜行く (가다)｜一日(1일)｜目(째)｜一年(일년)｜～前(~전)｜ない(없다)｜おもしろい(재미있다)｜店(가게)｜たくさん (많은)｜ある(있다)｜そこ(거기)｜かいもの(쇼핑)｜する(하다)｜その(그)｜つぎ(다음)｜日(날, 일)｜食べる(먹다)｜～たい(~하고 싶다)｜ラーメン(라면)｜～ことができる(~할 수 있다)｜うれしい(기쁘다)｜時間(시간)｜ふじさん(후지산)｜夏休み(여름 방학)｜ともだち(친구)｜ディズニーランド(디즈니랜드)｜

19 정답 4

(2)

(회사에서)

가나 씨의 책상 위에 메모가 있습니다.

가나 씨에게

내일 회의 말입니다만, 1시에서 3시로 바뀌었습니다.
1시에 다 같이 점심을 먹읍시다.
회의 준비는 2시부터 하겠습니다.

가토

가토 씨는 왜 메모를 썼습니까?

1　밥을 먹을 장소가 변경되었으니까
2　회의를 할 장소가 변경되었으니까
3　밥을 먹을 사람이 변경되었으니까
4　회의를 할 시간이 변경되었으니까

해설 내일 회의를 할 시간이 원래 1시였지만「あしたの　かいぎですが、1時から　3時に　かわりました(내일 회의 말입니다만, 1시에서 3시로 바뀌었습니다)」라고 첫 문장에서 썼기 때문에 정답은 4번이 된다. 식사 장소나 회의 장소의 변경에 대한 언급은 없었으며, 식사를 원래부터 몇 명이서 먹는지에 대한 정보가 없으므로 보기 1, 2, 3 모두 오답이 된다.

어휘 明日(내일)｜会議(회의)｜変わる(변하다, 바뀌다)｜みんなで(다 같이, 모두가)｜昼ごはん(점심밥)｜準備(준비)｜から(~부터)

もんだい5 다음 문장을 읽고 질문에 답하세요. 답은 1·2·3·4에서 가장 알맞은 것을 하나 고르세요.

20~21

　'관용구'란 '발이 넓다', '귀가 따갑다'와 같이 옛날부터 쓰고 있는 특별한 말입니다. '발이 넓다'는 '많은 사람을 알고 있다'라는 의미입니다. ▢20 '귀가 따갑다'는 '자신의 나쁜 부분을 남에게 듣는 것이 괴롭다'라는 의미입니다. '관용구'를 잘 모르는 사람이 '귀가 따갑다'라는 말을 들으면 놀랄지도 모릅니다. ▢21 '관용구'는 많이 쓰기 때문에 공부하는 것이 중요합니다. 열심히 공부합시다.

어휘 かんようく(관용구)｜かお(얼굴)｜広い(넓다)｜耳(귀)｜いたい(아프다)｜～のような(~와 같은)｜むかし(옛날)｜～から(~부터)｜つかう(사용하다)｜～ている(~하고 있다)｜とくべつ(특별)｜ことば(말, 단어)｜多くの～(많은)｜しる(알다)｜～という(~라고 하는, ~라는)｜意味(의미)｜じぶん(자신)｜わるい(나쁘다)｜ところ(점, 부분)｜つらい(괴롭다)｜よく(잘)｜おどろく(놀라다)｜～かもしれません(~일지도 모릅니다)｜たくさん(많이)｜べんきょう(공부)｜だいじだ(중요하다)｜がんばる(열심히 하다, 분발하다)｜～ましょう(~합시다)｜さいきん(최근)｜はじめる(시작하다)｜すき(좋아함)｜つくる(만들다)｜行く(가다)｜～ないでください(~하지 말아 주세요)｜なる(되다)｜～ましょう(~합시다)

20 정답 1

놀라는 이유는 무엇입니까?

1 다쳤다고 생각할 수 있기 때문에

2 관용구를 많이 공부했기 때문에

3 자신의 나쁜 부분을 남에게 들었기 때문에

4 많은 사람을 알고 있으니까

해설 관용구를 잘 모르는 사람이 「耳が　いたい」를 듣는다면 귀를 다쳤거나 아프다고 오해할 가능성이 있기 때문에 보기 1번이 정답이 된다. 관용구를 잘 공부했다면 놀랄 리 없기 때문에 보기 2번은 오답이 된다. 그리고 보기 3번과 4번은 「かおが広い(발이 넓다)」라는 관용구와 관련되어 있기 때문에 모두 오답이 된다.

21 정답 2

이 글에서 말하고 싶은 것은 무엇입니까?
1 귀가 아플 때는 병원에 가야 합니다.
2 '관용구'를 많이 공부해 주세요.
3 '관용구'를 들어도 괴로워하지 말아 주세요.
4 얼굴이 넓은 사람이 되는 것이 중요합니다.

해설 이런 유형의 문제는 대개 마지막에 힌트가 나오는 경우가 많으니 참고해 두기 바란다. 문장 마지막에서 '관용구'에 관해 「たくさん　使いますから、べんきょうする　ことがだいじです(많이 쓰기 때문에 공부하는 것이 중요합니다)」라고 했으니 답은 2번이다. 관용구에 관한 예로 언급했지만 1번과 4번은 내용과 전혀 맞지 않으며, 관용구를 잘 모르는 사람이 관용구를 들으면 놀랄지도 모른다는 언급을 했을 뿐이며 관용구가 직접적인 괴로움을 주는 원인이 아니므로 3번도 오답이다.

もんだい6 오른쪽 페이지의 시간표를 읽고, 아래 질문에 답하세요. 답은 1·2·3·4에서 가장 알맞은 것을 하나 고르세요.

아이와 함께 가요 겨울 음악회

● 노래

반짝반짝별	산책	커다란 낡은 시계	도레미 송	강아지 왈츠
라라라루	꽃은 핀다	사랑의 꿈	마음 가는 대로	키 재기

● 날짜·시간

3월 21일 (토요일)	15:00~18:00
3월 22일 (일요일)	14:00~17:00

● 요금

성인	1,300엔
학생(중학생·고등학생)	800엔
어린이 (0세~10세)	300엔

● 장소

3월 21일 (토요일)	오오다시 문화회관 장미룸
3월 22일 (일요일)	오오다시 문화회관 해바라기룸

※ 음악회에 가고 싶은 사람은 1주일 전까지 전화해 주세요.
　요금은 노래를 듣는 날에 냅니다.

오오다시 문화회관
전화번호 : 0569-455-6215

어휘 かぞく(가족)｜音楽会(음악회)｜行く(가다)｜～さい(~세)｜中学生(중학생)｜むすめ(딸)｜お母さん(어머니)｜いくら(얼마)｜はらう(돈을 내다, 지불하다)｜子ども(아이)｜いっしょに(함께)｜冬(겨울)｜うた(노래)｜きらきら(반짝반짝)｜ほし(별)｜さんぽ(산책)｜古時計(낡은 시계)｜子犬(강아지)｜愛(사랑)｜ゆめ(꿈)｜心(마음)｜～ままに(~대로)｜背くらべ(키 재기)｜日にち(날짜)｜時間(시간)｜土ようび(토요일)｜日ようび(일요일)｜お金(돈, 요금)｜大人(성인, 어른)｜中学(중학)｜高校(고등학교)｜場所(장소)｜文化(문화)｜会館(회관)｜1週間前(1주일전)｜～までに(~까지)｜日(날)｜出す(내다)｜電話番号(전화번호)

22 정답 2

기타무라 씨는 22일에 가족과 함께 음악회에 갑니다. 5세와 중학교 2학년 딸 2명과 기타무라 씨의 어머니 4명이 갑니다. 기타무라 씨는 얼마를 냅니까?

1 3,200엔

2 3,700엔

3 4,200엔

4 4,700엔

해설 음악회에 가는 사람은, '기타무라 씨와 어머니', 그리고 '중학교 2학년' 딸과 '5세' 딸이다.

성인 : 1,300엔×2 = 2,600엔

중학생 : 800엔

5세 어린이 : 300엔

합계금액이 2,600엔 + 800엔 + 300엔 = 3,700엔이 되므로 답은 2번이 된다.

もんだい1　もんだい1では、はじめに　しつもんを
きいて　ください。それから　はなしを
きいて、もんだいようしの　1から4の
なかから、いちばん　いい　ものを　ひと
つ　えらんで　ください。

れい

八百屋で、男の人と女の人が話しています。女の人は何を
買いますか。

F：すみません、このりんごをください。

M：はい、りんごですね。今日は、きゅうりとピーマンが安
いですよ。どうですか。

F：そうなんですね。

M：あとは、このトマト、とてもおいしいですよ。

F：そうですか。ピーマンは昨日買ったから、きゅうり
と……、あと、トマトが好きなのでトマトも。

M：ありがとうございます。

女の人は何を買いますか。

1

2

3

4

문제1　문제 1에서는 처음에 질문을 들으세요. 그리고 이
야기를 듣고, 문제용지의 1에서 4 중에서 가장 알
맞은 것을 하나 고르세요.

예　정답 3

야채 가게에서 남자와 여자가 이야기하고 있습니다. 여자는 무엇을
삽니까?

F：실례합니다, 이 사과 주세요.

M：네. 사과 말이죠. 오늘은 오이와 피망이 싸요. 어떠세요?

F：그렇군요.

M：그리고 이 토마토, 정말 맛있어요.

F：그래요? 피망은 어제 샀으니까, 오이랑…… 그리고, 토마토 좋
아하니까 토마토도.

M：감사합니다.

여자는 무엇을 삽니까?

1

2

3

4

1ばん

会社で女の人と男の人が話しています。男の人はどのノートを女の人に渡しますか。

F：田中さん、すみません。田中さんの机にあるそのノートを取ってください。

M：あ、この黒いノートですか。

F：いえ、白いノートです。

M：ああ、これですね。

F：いえ、そのコンピューターの前にあるノートです。

M：え？　ああ、これでしたか。はい、どうぞ。

F：ありがとうございます。

男の人はどのノートを女の人に渡しますか。

1

2

3

4

1번 정답 1

회사에서 여자와 남자가 이야기하고 있습니다. 남자는 어느 노트를 여자에게 건네 줍니까?

F：다나카 씨, 죄송해요. 다나카 씨 책상에 있는 그 노트를 집어주세요.

M：아, 검은 노트인가요?

F：아뇨, 하얀 노트예요.

M：아하, 이거군요.

F：아뇨, 그 컴퓨터 앞에 있는 노트예요.

M：네? 아하, 이것이었나요? 자, 여기요.

F：감사합니다.

남자는 어느 노트를 여자에게 건네 줍니까?

1

2

3

4

해설 여자가 집어 달라고 한 노트의 색은 「白い(하얗다)」이고, 노트의 위치는 「そのコンピューターの前(그 컴퓨터 앞)」이다. 따라서 답은 1번이다.

어휘 会社(회사) | どの(어느, 어떤) | ノート(노트) | 渡す(건네 주다) | 机(책상) | ある(있다) | 取る(잡다, 들다) | ～てください(~해 주세요) | この(이) | 黒い(검다) | 白い(하얗다) | これ(이것) | コンピューター(컴퓨터) | 前(앞)

2번 정답 4

郵便局で女の人と男の人が話しています。女の人はいくら出しますか。

우체국에서 여자와 남자가 이야기하고 있습니다. 여자는 얼마 냅니까?

F：あの、この荷物をアメリカまでお願いします。いくらですか。

F：저기…, 이 짐을 미국까지 부탁드립니다. 얼마예요?

M：アメリカですね。少しお待ちください。

M：미국이군요. 잠시 기다려 주세요.

F：あのー、早く着いてほしいのですが、何日くらいかかりますか。

F：저기…, 빨리 도착했으면 하는데요, 며칠 정도 걸리나요?

M：アメリカまでは船か飛行機で荷物を送ります。この紙を見てください。この重さだと、アメリカまでは２０００円と１５００円の二つあります。高いほうだと普通、三日後にアメリカに着きます。安いほうだと、一週間後です。ですが最近、天気が悪いので高いほうでも着くのは五日後になるかもしれません。

M：미국까지는 배나 비행기로 짐을 보냅니다. 이 종이를 봐 주세요. 이 무게면, 미국까지는 2000엔과 1500엔의 두 종류가 있습니다. 비싼 쪽이면 보통 3일 후에 미국에 도착합니다. 싼 쪽이면 1주일 후입니다. 하지만 최근 날씨가 안 좋아서 비싼 쪽이어도 도착하는 것은 5일 후가 될지도 모릅니다.

F：そうなんですね。うーん、でもやっぱり一番早いものでお願いします。

F：그렇군요. 으~음, 그렇지만 역시 가장 빠른 것으로 부탁드립니다.

M：はい、わかりました。

M：네, 알겠습니다.

女の人はいくら出しますか。

여자는 얼마를 냅니까(지불합니까)?

1　1200えん

1　1200엔

2　1300えん

2　1300엔

3　1500えん

3　1500엔

4　2000えん

4　2000엔

해설 여자는 미국으로 소포를 보내기 위해 창구 직원인 남성과 이야기를 하고 있다. 남성의 「アメリカまでは２０００円と１５００円の二つあります(미국까지는 2천엔과 천5백엔의 두 종류가 있습니다)」라는 안내에 대해 약간 고민하지만, 「やっぱり一番早いものでお願いします(역시 가장 빠른 방법으로 부탁합니다)」라고 의뢰하고 있다. 따라서 두 가지 선택지 중, 빠르지만 비싼 가격인 2천엔이 여자가 지불하는 금액이 된다.

어휘 郵便局(우체국) | 出す(내다, 지불하다, 꺼내다) | 荷物(짐) | いくら(얼마) | アメリカ(미국) | 少し(조금, 약간) | お待ちください(기다려 주세요) | 早く(일찍) | 着く(도착하다) | ～てほしい(~하기 바라는) | ～が(~이지만, 역접) | 何日(며칠) | くらい(정도) | かかる(걸리다) | 船(배) | 飛行機(비행기) | 送る(보내다) | 紙(종이) | 見る(보다) | ～てください(~해 주세요) | 重さ(무게) | 円(엔, 일본의 화폐단위) | ほう(쪽) | 普通(보통) | 三日後(3일 후) | 安い(싼, 저렴한) | 一週間後(일주일 후) | 最近(최근) | 天気(날씨) | 悪い(나쁘다) | 高い(높다, 비싸다) | 五日後(5일 후) | ～になる(~가 되다) | ～かもしれません(~일지도 모릅니다) | でも(그렇지만) | やっぱり(역시) | 一番(가장, 최고, 처음) | わかる(알다)

小学校で女の先生が生徒に話しています。生徒は明日、何を持ってきますか。

F：皆さん、明日は「散歩の日」ですね。明日は、飲み物とお弁当を持ってきてください。お菓子は先生が持ってきますから、楽しみにしていてくださいね。そして算数の宿題は、あさっての木曜日に出してください。

生徒は明日、何を持ってきますか。

1

2

3

4

3번 정답 3

초등학교에서 여자 선생님이 학생에게 이야기하고 있습니다. 학생은 내일 무엇을 가지고 옵니까?

F：여러분, 내일은 '산책의 날'이지요. 내일은 음료수와 도시락을 가져와 주세요. 과자는 선생님이 가져올 테니까, 기대해 주세요. 그리고 수학 숙제는 모레 목요일에 내 주세요.

학생은 내일 무엇을 가져갑니까?

1

2

3

4

해설 학생이 내일 가져가야 하는 것을 고르는 문제이다. 선생님이 「明日は、飲み物とお弁当を持ってきてください。(내일은 음료수와 도시락을 가져와 주세요)」라고 했으므로, 답은 3번이다. 과자는 선생님이 가지고 온다고 했으니 과자가 들어간 1번 2번은 오답이고 숙제는 목요일에 제출하라고 했으니 4번도 답이 될 수 없다.

어휘 明日(내일) | 持つ(들다, 가지다) | ~ていく(~해 가다) | 散歩(산책) | 飲み物 (음료수) | お弁当(도시락) | ~てください(~해 주세요) | お菓子(과자) | 算数(산수) | 宿題(숙제) | あさって(모레) | 木曜日(목요일) | 出す(내다, 제출하다)

4ばん

女^{おんな}の人^{ひと}と男^{おとこ}の人^{ひと}が話^{はな}しています。女^{おんな}の人^{ひと}はどこへ行^いきますか。

F：あのう、ちょっとすみません。ここからいちばん近^{ちか}い郵^{ゆう}便局^{びんきょく}はどこですか。

M：うーん、近^{ちか}いのは泉郵便局^{いずみゆうびんきょく}ですね。この道^{みち}をまっすぐ行^いってください。

F：まっすぐですね。

M：それから、交差点^{こうさてん}を渡^{わた}らないで、左^{ひだり}に曲^まがってください。郵便局^{ゆうびんきょく}は銀行^{ぎんこう}の隣^{となり}です。

F：道^{みち}を渡^{わた}らないで、左^{ひだり}ですね。ありがとうございます。

M：いえいえ。

女^{おんな}の人^{ひと}はどこへ行^いきますか。

4번 정답 3

여자와 남자가 이야기하고 있습니다. 여자는 어디로 갑니까?

F：저기, 잠시 실례합니다. 여기에서 가장 가까운 우체국은 어디인가요?

M：으음, 가까운 건 이즈미 우체국이네요. 이 길을 똑바로 가 주세요.

F：똑바로요.

M：그리고, 교차로를 건너지 말고, 왼쪽으로 꺾어 주세요. 우체국은 은행 옆입니다.

F：길을 건너지 말고, 왼쪽이군요. 감사합니다.

M：천만에요.

여자는 어디로 갑니까?

해설 남자는 「交差点をらないで、左に曲がってください(교차로를 건너지 말고, 왼쪽으로 꺾어 주세요)」라고 했고, 여자도 「道を渡らないで、左ですね(길을 건너지 말고, 왼쪽이군요)」라고 확인하고 있다. 두 사람 모두 길을 건너서는 안 되고 왼쪽이란 사실을 말하고 있으니 답은 3번이 된다.

어휘 どこ(어디) | 行く(가다) | ちょっと(잠시) | いちばん(가장) | 近い(가깝다) | 郵便局(우체국) | この(이) | 道(길) | まっすぐ(똑바로, 곧장) | ～てください(~해 주세요) | 交差点(교차로) | 渡る(건너다) | 左(왼쪽) | 曲がる(꺾다) | 銀行(은행) | 隣(옆)

会社で女の人と男の人が話しています。男の人は寝る前に何をしますか。

F：今日もお疲れさまでした。田中さんはいつも夜は家で何をしますか？

M：私はシャワーを浴びてから、コーヒーを飲みます。そして本を読みながら寝ますよ。

F：えっ、夜にコーヒーですか。どうしてですか？

M：うーん、わかりません。でもコーヒーを飲むと元気になります。

F：ええ、元気になりますよね。だから、夜にコーヒーを飲むと寝られないでしょう？大丈夫ですか？

M：はい。私は大丈夫ですよ。

男の人は寝る前に何をしますか。

1　　　　　　2

3　　　　　　4

회사에서 여자와 남자가 이야기하고 있습니다. 남자는 자기 전에 무엇을 합니까?

F : 오늘도 수고 많으셨습니다. 다나카 씨는 보통 때 밤에는 집에서 무엇을 합니까?

M : 저는 샤워를 하고 나서 커피를 마셔요. 그리고 책을 읽으면서 잡니다.

F : 예? 밤에 커피요? 어째서요?

M : 음..., 모르겠어요. 그렇지만 커피를 마시면 기운이 납니다.

F : 예, 기운이 나죠. 그러니까, 밤에 커피를 마시면 잠을 못 자잖아요? 괜찮아요?

M : 네. 저는 괜찮아요.

남자는 자기 전에 무엇을 합니까?

1　　　　　　2

3　　　　　　4

해설　여자는 남자에게 잠들기 전에 무엇을 하는지 묻고 있다. 남자는 자신의 저녁 루틴을 「シャワーを浴びてから、コーヒーを飲みます。そして本を読みながら寝ますよ(샤워를 하고, 커피를 마십니다. 그리고 책을 읽으면서 잡니다(잠에 듭니다)」라고 대답했다. 따라서 자기 전에 하는 행위에는 '샤워를 하는' 보기 4번과 '누워서 책을 읽고 있는' 보기 3번이 해당되는데, 가장 잠들기 전에 하는 행위인 보기 3번이 정답이 된다. 한편, 대화에서 「飲む(마시다)」라는 표현이 많이 나와 혼동될 수 있지만 어디까지나 마시는 것은 커피와 관련된 이야기라는 점에 주의해야 한다.

어휘　会社(회사) | 寝る(자다) | 前(시간 및 장소의 앞, 전) | 今日(오늘) | お疲れさまでした(수고하셨습니다) | いつも(언제나) | 夜(밤) | 家(집) | シャワー(샤워) | 浴びる(비 등을 맞다, 샤워를 하다) | ~てから(~하고 나서) | コーヒー(커피) | 飲む(마시다) | そして(그리고) | 本(책) | 読む(읽다) | えっ(놀랐을 때의 반응, 예?) | どうして(왜, 어째서) | 元気(건강) | ~なる(~가 되다) | ええ(네[예]의 회화적 표현) | だから(때문에) | 大丈夫だ(괜찮은)

日本語学校で先生が話しています。学生は、次、何曜日に学校に行きますか。

일본어 학교에서 선생님이 이야기하고 있습니다. 학생은 다음에 무슨 요일에 학교에 갑니까?

F：皆さん、明日、金曜日から来週の火曜日までの五日間、学校はお休みです。宿題を２つ出すので、水曜日に持ってきてください。休みが終わったら、金曜日にテストがありますから、テストの勉強もしてくださいね。それでは、ゆっくり休んで来週会いましょう。

F：여러분, 내일 금요일부터 다음 주 화요일까지 5일간, 학교는 쉽니다. 숙제를 2개 낼 테니 수요일에 가져와 주세요. 휴일이 끝나면 금요일에 시험이 있으니까 시험공부도 해 주세요. 그럼, 푹 쉬고 다음 주에 만납시다.

学生は、次、何曜日に学校に行きますか。

1 かようび
2 すいようび
3 もくようび
4 きんようび

학생은 다음에 무슨 요일에 학교에 갑니까?

1 화요일
2 수요일
3 목요일
4 금요일

해설 금요일부터 다음주 화요일까지 학교가 쉰다고 했으니, 학생이 다음에 학교에 가는 요일은 화요일 다음인 수요일임을 알 수 있고 답은 2번이 된다.

어휘 日本語(일본어) ｜ 学校(학교) ｜ 次(다음) ｜ 何曜日(무슨 요일) ｜ 学校(학교) ｜ 行く(가다) ｜ 明日(내일) ｜ 金曜日(금요일) ｜ ～から(~부터) ｜ 来週(다음 주) ｜ 火曜日(화요일) ｜ ～まで(~까지) ｜ 五日間(5일간) ｜ お休み(쉼, 휴일) ｜ 宿題(숙제) ｜ ２つ(2개) ｜ 水曜日(수요일) ｜ 持つ(들다, 가지다) ｜ ～てくる(~해 오다) ｜ 終わる(끝나다) ｜ ～たら(~하면) ｜ 金曜日(금요일) ｜ テスト(시험) ｜ 勉強(공부) ｜ する(하다) ｜ ～てください(~해 주세요) ｜ それでは(그럼) ｜ ゆっくり(편히, 느긋하게) ｜ 休む(쉬다) ｜ 会う(만나다) ｜ ～ましょう(~합시다)

家で女の人と男の人が話しています。男の人は冷蔵庫から何を出しますか。

F：あ、もう12時ですね。お昼ごはん、食べましょう。

M：そうですね。何を食べましょうか。

F：今日は私が作りますよ。田中さん、冷蔵庫から卵4個とハムを出してください。

M：はい。木村さーん、牛乳はいりませんか？

F：はい、大丈夫です。あと、玉ねぎもお願いします。あ、卵は3個で大丈夫です。

M：わかりました。今、持っていきますね。

男の人は冷蔵庫から何を出しますか。

1　　　　　　　　　　　2

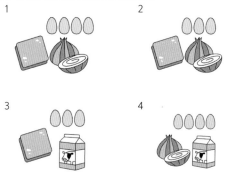

3　　　　　　　　　　　4

집에서 여자와 남자가 이야기하고 있습니다. 남자는 냉장고에서 무엇을 꺼냅니까?

F：아, 벌써 12시네요. 점심 먹읍시다.

M：그러게요. 뭘 먹을까요?

F：오늘은 내가 만들게요. 다나카 씨, 냉장고에서 달걀 4개랑 햄을 꺼내 주세요.

M：예. 기무라 씨, 우유는 필요 없어요?

F：네, 괜찮아요. 그리고 또, 양파도 부탁해요. 앗, 달걀은 3개로 괜찮아요.

M：알겠습니다. 지금 가지고 갑니다.

남성은 냉장고에서 무엇을 꺼냅니까?

1　　　　　　　　　　　2

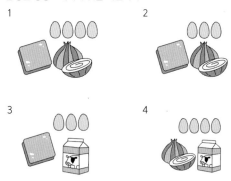

3　　　　　　　　　　　4

해설 점심시간에 남자와 여자는 무엇을 먹을까 고민하고 있다. 그러던 중 여자가 요리를 하기로 결정하고, 여자는 남자에게 재료를 냉장고에서 가져다 달라고 요청하고 있다. 여자는 「卵4個とハムを出してください(달걀 4개와 햄을 꺼내 주세요)」라고 요청한 후, 「玉ねぎもお願いします。あ、卵は3個で大丈夫です。(양파도 부탁드립니다. 아, 달걀은 세 개로 괜찮아요)」라고 추가로 주문했다. 따라서 달걀 세 개와 햄 그리고 양파가 있는 보기인 2번이 정답이 된다. 다만, 남성이 우유는 필요 없냐고 물어보는 것에 대해 괜찮다고 대답했다는 점에 유의할 필요가 있다.

어휘 家(집) | 冷蔵庫(냉장고) | 出す(꺼내다, 내다) | もう(벌써) | お昼ごはん(점심 식사) | 食べる(먹다) | ～ましょう(~합시다) | 作る(만들다) | 卵(달걀) | ～個(~개) | ハム(햄) | ～てください(~해 주세요) | 牛乳(우유) | 要る(필요하다) | 大丈夫(괜찮음) | あと(그리고, 또) | 玉ねぎ(양파) | お願いする(부탁하다) | 持っ(갖다) | ～ていく(~해 가다)

れい

男の人と女の人が話しています。二人は東京駅まで何で行きますか。

M：東京駅まで何で行きますか。
F：電車はどうですか。
M：うーん、でも、タクシーがもっと速いです。
F：今日は、車が多いですから、タクシーは……。
M：では、バスも同じですね。
F：はい。

二人は東京駅まで何で行きますか。

1　くるま
2　でんしゃ
3　タクシー
4　バス

문제 2　문제2에서는 처음에 질문을 들으세요. 그리고 이 야기를 듣고, 문제 용지의 1에서 4 중에서 가장 알 맞은 것을 하나 고르세요.

예 정답 2

남자와 여자가 이야기하고 있습니다. 두 사람은 도쿄역까지 무엇으로 갑니까?

M : 도쿄역까지 무엇으로 갑니까?
F : 전철은 어떤가요?
M : 으음, 하지만, 택시가 더 빨라요.
F : 오늘은 차가 많으니까, 택시는……
M : 그럼, 버스도 똑같네요.
F : 네.

두 사람은 도쿄역까지 무엇으로 갑니까?

1　자동차
2　전철
3　택시
4　버스

道_{みち}で女_{おんな}の人_{ひと}と男_{おとこ}の人_{ひと}が話_{はな}しています。猫_{ねこ}はどこにいますか。

F：ミー太郎_{たろう}！　ミー太郎_{たろう}！

M：あれ？林_{はやし}さん、おはよう。どうかしましたか。

F：うちの猫_{ねこ}のミー太郎_{たろう}が、昨日_{きのう}から家_{いえ}にいません。

M：そうでしたか。あっ、さっき公園_{こうえん}で見_みましたよ。図書館_{としょかん}の隣_{となり}の。

F：本当_{ほんとう}ですか。私_{わたし}、学校_{がっこう}に行_いくまでまだ時間_{じかん}がありますから、ちょっと公園_{こうえん}に行_いってみます。

M：ええ、それがいいですね。じゃ、僕_{ぼく}は駅_{えき}に行_いくところなので、これで。

猫_{ねこ}はどこにいますか。

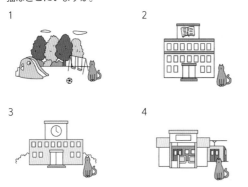

1 2
3 4

역에서 여자와 남자가 이야기하고 있습니다. 고양이는 어디에 있습니까?

F : 미타로! 미타로!

M : 어라? 하야시 씨, 안녕하세요. 무슨 일 있어요?

F : 저희 고양이 미타로가 어제부터 집에 없어요.

M : 그랬군요. 어라, 아까 공원에서 봤어요. 도서관 옆의.

F : 정말인가요? 저, 학교에 갈 때까지 아직 시간이 있으니까, 잠시 공원에 가 볼게요.

M : 네, 그게 좋겠네요. 그럼, 저는 역에 가는 참이니까, 이만.

고양이는 어디에 있습니까?

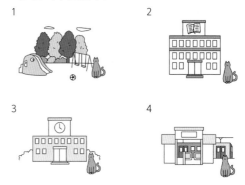

1 2
3 4

해설 여자가 고양이가 없어졌다며 찾고 있는데 남자가 여자의 고양이 미타로를 「さっき公園_{こうえん}で見_みましたよ。図書館_{としょかん}の隣_{となり}の(아까 공원에서 봤어요. 도서관 옆의)」라고 했으니 고양이가 있는 곳은 1번 공원이다. 그리고 「図書館_{としょかん}の隣_{となり}の(도서관 옆의)」란 표현은 고양이가 있는 곳이 아니라, 공원의 위치를 말하고 있는 것이니 주의하기 바란다.

어휘 道_{みち}(길) | 猫_{ねこ}(고양이) | どこ(어디) | いる(있다) | うちの(우리) | 昨日_{きのう}(어제) | 家_{いえ}(집) | さっき(아까) | 公園_{こうえん}(공원) | 図書館_{としょかん}(도서관) | 隣_{となり}(옆) | 学校_{がっこう}(학교) | 行_いく(가다) | ～まで(~까지) | まだ(아직) | 時間_{じかん}(시간) | ある(있다) | ～てみる(~해 보다) | 駅_{えき}(역)

女の人と男の人が話しています。女の人はどの季節が好き
ですか。

F：吉田さんはどの季節が好きですか。夏ですか。冬です
　　か。

M：ええっと、僕は寒いのが嫌いですから、今の季節がいい
　　です。春や夏が好きですね。

F：えっ、そうなんですか。吉田さんは、スキーが上手だか
　　ら、好きな季節は冬だと思いました。

M：いいえ。夏のほうがいいです。海で泳ぐのも好きですか
　　らね。松本さんはどうですか。

F：私は、寒いのは大丈夫ですが、暑いのは本当に嫌いで
　　す。なので、冬のほうが

M：じゃ、困りましたね。今年の夏は、去年よりも暑い日が
　　多いと聞きましたよ。

F：そうなんですか。知らなかったです。

女の人はどの季節が好きですか。

1　はる

2　なつ

3　あき

4　ふゆ

여자와 남자가 이야기하고 있습니다. 여자는 어느 계절을 좋아합니
까?

F : 요시다 씨는 어느 계절을 좋아하나요? 여름인가요? 겨울인가
　　요?

M : 으음, 저는 추운 걸 싫어하니까, 지금 계절이 좋아요. 봄이나 여
　　름을 좋아해요.

F : 어라, 그런가요. 요시다 씨는 스키를 잘하니까 좋아하는 계절
　　은 겨울이라고 생각했어요.

M : 아뇨, 여름 쪽이 좋아요. 바다에서 헤엄치는 것도 좋아하니까
　　요. 마쓰모토 씨는 어떠세요?

F : 저는, 추운 건 괜찮지만, 더운 건 정말 싫어해요. 그래서, 겨울
　　쪽이.

M : 그럼, 난처하네요. 올해 여름은 작년보다 더운 날이 많다고 들
　　었어요.

F : 그런가요? 몰랐어요.

여자는 어느 계절을 좋아합니까?

1　봄

2　여름

3　가을

4　겨울

해설 어느 계절을 좋아하냐는 남자의 질문에 여자는 「私は、寒いのは大丈夫ですが、暑いのは本当に嫌いです。なので、冬のほう
が。(저는, 추운 건 괜찮지만, 더운 건 정말 싫어해요. 그래서, 겨울 쪽을)」이라고 답했는데, 이것은 뒤에 「好きです」(좋아해요)가 생략된
표현이다. 따라서 여자가 가장 좋아하는 계절은 4번 겨울이다.

어휘 季節(계절) | 好きだ(좋아하다) | 夏(여름) | 冬(겨울) | 寒い(춥다) | 嫌いだ(싫다) | 今(지금) | 春(봄) | スキー(스키) | 上手だ(잘
하다, 능숙하다) | 思う(생각하다) | 海(바다) | 泳ぐ(헤엄치다) | 大丈夫だ(문제 없다, 괜찮다) | 暑い(덥다) | 本当に(정말) | ～のほ
うが(~의 쪽이) | 困る(난처하다, 곤란하다) | 今年(올해) | 去年(작년) | 多い(많다) | 秋(가을) | 知る(알다)

男の学生と女の学生が話しています。女の学生は、天気がいい日、何で学校に行きますか。

M：佐藤さんの家から学校まで、どのくらいかかりますか。

F：自転車で25分くらい、バスと電車で40分ぐらいかかります。

M：え、自転車のほうが早く着きますか。

F：はい。駅までバスで行きますが、バスが少ないから、待つ時間がかかります。

M：そうですか。バスと電車のほうが早いと思っていました。

F：そうですよね。だから私は、天気がいい日は自転車に乗ります。山本さんは家が近くていいですね。

M：はい。天気がいい日も悪い日も、僕はいつも歩いて学校に行きます。

女の学生は、天気がいい日、何で学校に行きますか。

1

2

3

4

남학생과 여학생이 이야기하고 있습니다. 여학생은 날씨가 좋은 날 무엇을 타고 학교에 갑니까?

M : 사토 씨 집에서 학교까지 어느 정도 걸리나요?

F : 자전거로 25분 정도, 버스와 전철로 40분 정도 걸려요.

M : 어라, 자전거 쪽이 빨리 도착하나요?

F : 네. 역까지 버스로 가는데, 버스가 적으니까 기다리는 시간이 걸려요.

M : 그런가요? 버스와 전철 쪽이 빠르다고 생각했어요.

F : 그렇죠. 그래서 저는 날씨가 좋은 날은 자전거를 타요. 야마모토 씨는 집에 가까워서 좋겠네요.

M : 네. 날씨가 좋은 날도 나쁜 날도, 저는 언제나 걸어서 학교에 가요.

여학생은 날씨가 좋은 날, 무엇을 타고 학교에 갑니까?

1

2

3

4

해설 여학생은 학교에 갈 때 자전거로 가거나, 혹은 버스와 전철로 간다고 했다. 하지만 「天気がいい日は自転車に乗ります(날씨가 좋은 날은 자전거를 타요)」라고 했으니, 날씨 좋은 날에는 자전거로 학교에 가는 것을 알 수 있으므로 답은 2번이다. 그리고 날씨가 좋든 나쁘든 항상 걸어간다고 한 사람은 남학생이므로 4번은 답이 될 수 없다.

어휘 天気(날씨) | いい(좋다) | 日(날) | 何(무엇) | 学校(학교) | 行く(가다) | 家(집) | ~から(~부터) | ~まで(~까지) | どの(어느) | ~くらい(~정도, ~쯤) | かかる(걸리다) | 自転車(자전거) | バス(버스) | 電車(전차, 지하철) | ~のほうが(~의 쪽이) | 着く(도착하다) | 駅(역) | 少ない(적다) | 待つ(기다리다) | 時間(시간) | 早い(빠르다) | 乗る(타다) | 近い(가깝다) | 悪い(나쁘다) | いつも(언제나) | 歩く(걷다)

4ばん

日本語学校で男の先生が話しています。来週、何曜日にお弁当を食べますか。

M：皆さん、お知らせです。来週の火曜日は学校で映画を見ます。教科書は要りません。そして、水曜日はお弁当を持ってきてください。いつもは午前中で授業が終わりますが、その日の午後は、みんなで公園に行きます。雨のときは公園ではなく、美術館へ行きます。教室で食べてから出かけますから、お弁当を必ず持ってきてくださいね。何か質問はありますか。

来週、何曜日にお弁当を食べますか。

1　げつようび

2　かようび

3　すいようび

4　もくようび

일본어 학교에서 남자 선생님이 이야기하고 있습니다. 다음 주 무슨 요일에 도시락을 먹습니까?

M：여러분, 공지입니다. 다음 주 화요일은 학교에서 영화를 봅니다. 교과서는 필요 없어요. 그리고, 수요일은 도시락을 가져와 주세요. 평소에는 오전 중에 수업이 끝나지만, 그날 오후는 다 같이 공원에 갑니다. 비가 올 때는 공원이 아니라, 미술관에 갑니다. 교실에서 먹고 나서 나갈 거니까, 도시락을 반드시 가져와 주세요. 질문 있나요?

다음 주 무슨 요일에 도시락을 먹니까?

1　월요일

2　화요일

3　수요일

4　목요일

해설 선생님이 「水曜日はお弁当を持ってきてください(수요일은 도시락을 가져와 주세요)」라고 했으므로, 수요일에 교실에서 도시락을 먹을 예정임을 알 수 있고 답은 3번이다.

어휘 日本語(일본어) | 学校(학교) | 来週(다음 주) | 何曜日(무슨 요일) | お弁当(도시락) | 食べる(먹다) | お知らせ(공지) | 火曜日(화요일) | 映画(영화) | 見る(보다) | 教科書(교과서) | 要る(필요하다) | そして(그리고) | 水曜日(수요일) | 持つ(가지다) | ～てくる(해 오다) | ～てください(~해 주세요) | いつもは(평소에는) | 午前中(오전 중) | 終わる(끝나다) | その日(그 날) | 午後(오후) | みんなで(다같이) | 公園(공원) | 雨(비) | ～ではなく(~이 아니라) | 美術館(미술관) | ～てから(~하고 나서) | 出かける(나가다, 외출하다) | 必ず(반드시) | 質問(질문) | げつようび(월요일) | もくようび(목요일)

女の人と男の人が話しています。田中さんはどの人ですか。

F：田中さん、いい写真ですね。家族の写真ですか。

M：はい、見ますか。

F：真ん中のお二人が、田中さんのお父さんとお母さんですか。

M：ええ、そうです。

F：いちばん左は弟さん？

M：いえ、違います。僕の姉の夫です。年は僕より上ですが、背は僕のほうが高いです。

F：ほんとですね。田中さんのお子さんはどの子ですか。

M：おじいちゃんの前にいる子ですよ。

F：かわいいですね。

田中さんはどの人ですか。

여자와 남자가 이야기하고 있습니다. 다나카 씨는 어느 사람입니까?

F：다나카 씨, 좋은 사진이네요. 가족사진인가요?

M：네, 보실래요?

F：가운데 두 분이 다나카 씨의 아버지와 어머니이신가요?

M：네, 맞아요.

F：가장 왼쪽은 남동생분?

M：아뇨, 아니에요. 제 누나의 남편이에요. 나이는 저보다 많지만, 키는 제가 더 커요.

F：정말이네요. 다나카 씨의 자녀분은 어느 아이인가요?

M：할아버지 앞에 있는 아이예요.

F：귀엽네요.

다나카 씨는 어느 사람입니까?

해설 사진을 보면서 가운데 두 분이 부모님이라고 했으니 3번은 답이 될 수 없고, 맨 왼쪽에 있는 사람에 관해 묻자 남자(다나카 씨)는 누나의 남편이라고 하며,「背は僕のほうが高いです(키는 제가 더 커요)」라고 했으니 다나카 씨는 제일 왼쪽에 있는 누나의 남편보다 키가 더 큰 사람이란 것을 알 수 있으므로 답은 4번이다.

어휘 どの(어느) | 人(사람) | いい(좋다) | 写真(사진) | 家族(가족) | 見る(보다) | 真ん中(가운데, 한가운데) | 二人(두 사람) | お父さん(아버지) | お母さん(어머니) | いちばん(가장, 제일) | 左(왼쪽) | 弟(남동생) | 違う(다르다, 틀리다) | 姉(언니, 누나) | 夫(남편) | 年(나이) | ～より(~보다) | 上(위) | 背(키) | ～のほうが(~의 쪽이) | 高い(높다) | お子さん(자녀분) | 前(앞)

小学校で女の先生と男の先生が話しています。5年生のプールの授業は何日からですか。

F：あのう、佐藤先生。4年生のプールの授業は何日からですか。

M：えっと、今月の七日からですよ。

F：七月七日ですね。6年生は十四日からだから、ちょうど1週間前ですね。

M：はい。十日からは5年生が始まります。でも、どうしてですか。

F：ああ、みんなの授業が始まる前にプールの掃除をしますから、掃除の会社の人を呼ぶ日を考えていました。

5年生のプールの授業は何日からですか。

1 7日
2 8日
3 10日
4 14日

6번 정답 3

초등학교에서 여자 선생님과 남자 선생님이 이야기하고 있습니다. 5학년 수영장 수업은 며칠부터입니까?

F：저기, 사토 선생님, 4학년 수영장 수업은 며칠부터예요?

M：으음, 이번 달 7일부터예요.

F：7월 7일이군요. 6학년은 14일부터니까, 딱 1주일 전이네요.

M：네. 10일부터는 5학년이 시작되어요. 그런데 왜 그러세요?

F：아하, 모두의 수업이 시작되기 전에 수영장 청소를 하니까, 청소 회사 사람을 부를 날을 생각하고 있었어요.

5학년 수영장 수업은 며칠부터입니까?

1 7일
2 8일
3 10일
4 14일

해설 문제에서 물어보는 것은 5학년 수영 수업 시작 날짜이다. 4학년은 7일부터, 6학년은 14일부터인데, 남자 선생님이 「十日からは5年生が始まります(10일부터는 5학년이 시작해요)」라고 했으므로 정답은 3번이다.

어휘 小学校(초등학교) | 5年生(5학년) | プール(수영장) | 授業(수업) | 何日(며칠) | ～から(~부터) | 今月(이번 달) | 七日(7일) | 十四日(14일) | ちょうど(꼭, 정확히) | 1週間(1주일) | 前(전, 이전) | 十日(10일) | 始まる(시작되다) | でも(그런데) | 掃除(청소) | 会社(회사) | 人(사람) | 呼ぶ(부르다) | 日(날짜) | 考える(생각하다) | ～ている(~하고 있다)

もんだい3では、 えを みながら しつもんを きいて ください。 ➡ (やじるし) の ひとは なんと いいますか。 1から 3の なかから、いちばん いい ものを ひとつ えらんで ください。

문제3 문제3에서는 그림을 보면서 질문을 들으세요. ➡ (화살표)의 사람은 뭐라고 말합니까? 1에서 3 중에서 가장 알맞은 것을 하나 고르세요.

れい

お店にお客さんが入ってきました。何と言いますか。

F：1　いらっしゃいませ。

　　2　ありがとうございました。

　　3　いってらっしゃい。

예 정답 1

가게에 손님이 들어왔습니다. 뭐라고 말합니까?

F：1　어서오세요.

　　2　감사했습니다.

　　3　다녀오세요.

1ばん

友達にプレゼントをあげたいです。何と言いますか。

F：1　これ、よろしく。

　　2　これ、どうも。

　　3　これ、どうぞ。

1번 정답 3

친구에게 선물을 주고 싶습니다. 뭐라고 말합니까?

F：1　이거, 잘 부탁해.

　　2　이거, 고마워.

　　3　이거, 받아.

해설 1번은 상대에게 무언가를 부탁할 때, 2번은 빌린 것을 돌려줄 때 사용하는 표현이므로 선물을 줄 때의 표현이 될 수 없다. 「どうぞ」는 상대에게 선물 등 호의를 베풀 때 그 호의를 받으라고 하는 표현으로 3번이 답이다.

어휘 友達(친구) | プレゼント(선물) | あげる(주다) | ～たい(~하고 싶다) | よろしく(잘 부탁해) | どうも(고마워) | どうぞ(받아, 권하는 표현)

2ばん

勉強をしています。弟たちがうるさいです。何と言います
か。

F：1　ねえ、ちょっと静かになったね。

　　2　うるさくしてごめんね。

　　3　ちょっと。静かにしてよ。

2번　정답 3

공부를 하고 있습니다. 동생들이 시끄럽습니다. 뭐라고 말합니까?

F：1　저기, 조금 조용해졌네.

　　2　시끄럽게 해서 미안해.

　　3　저기. 조용히 해줘.

해설　3번은 「〜してよ(~해 줘)」를 사용하여 동생들에게 조용히 해 달라고 요청하는 표현으로 3번이 답이다. 1번은 조용해졌다는 사실에 대한 동의를 구하고 있는 표현이고, 2번은 떠든 사람이 상대에게 사과하는 표현이므로 답이 될 수 없다.

어휘　勉強(공부) | する(하다) | 〜ている(~하고 있다) | 弟(동생) | うるさい(시끄럽다) | ねえ(저기) | ちょっと(조금) | 静かになる(조용해 지다) | ごめんね(미안해) | 静かにする(조용히 하다)

3ばん

図書館です。水が飲みたいです。何と言いますか。

M：1　ここで水を飲んでもいいですか。

　　2　暑いので水を買いたいんですが。

　　3　水は外で飲みましょう。

3번　정답 1

도서관입니다. 물이 마시고 싶습니다. 뭐라고 말합니까?

M：1　여기서 물을 마셔도 괜찮나요?

　　2　더워서 물을 사고 싶은데요.

　　3　물은 밖에서 마십시다.

해설　장소가 도서관이라면 음식을 먹거나 음료수를 마시는 것에 대한 제약이 있을 수도 있으니, 「〜てもいいですか(~해도 괜찮습니까?)」를 사용해 도서관 직원에게 물을 마시는 것에 대한 허가를 구하고 있는 1번이 답이다.

어휘　図書館(도서관) | 水(물) | 飲む(마시다) | 〜たい(~하고 싶다) | ここで(여기서) | 〜てもいいですか(~해도 괜찮습니까?) | 暑い(덥다) | 〜ので(~해서, ~니까) | 買う(사다) | 外(밖) | 〜ましょう(~합시다)

4ばん

家に帰ります。挨拶をしたいです。何と言いますか。

F：1　おやすみなさい。

2　さようなら。

3　気をつけてね。

4번　정답 2

집에 돌아갑니다. 인사를 하고 싶습니다. 뭐라고 말합니까?

F：1　안녕히 주무세요.

2　안녕히 계세요.

3　조심해.

해설　집에 갈 때나 상대와 헤어질 때 흔히 사용하는 인사말이 2번이 답이 된다. 1번은 자러 갈 때 사용하는 인사이고, 3번도 헤어질 때 사용하는 표현이지만 떠나는 사람에게 배웅하는 사람이 사용하는 표현이므로 화살표가 가리키는 사람이 할 말로는 적합하지 않다.

어휘　家(집) | 帰る(돌아가다, 돌아오다) | 挨拶(인사) | する(하다) | ~たい(~하고 싶다) | おやすみなさい(안녕히 주무세요) | さようなら(안녕히 계세요) | 気をつける(조심하다)

5ばん

道が分かりません。何と言いますか。

F：1　すみません。道はどこにありますか。

2　ごめんなさい。道はありませんか。

3　すみません。道を教えてください。

5번　정답 3

길을 모르겠습니다. 뭐라고 말합니까?

F：1　실례합니다. 길은 어디에 있습니까?

2　죄송합니다. 길은 없습니까?

3　실례합니다. 길을 알려 주세요.

해설　길을 모른다면 길을 알려 달라고 요청을 해야 할 것이므로 가장 적절한 표현은 3번이 된다. 1번은 길이 어디 있냐고 물으며 길이 있는 위치를 묻는 말이고, 2번은 길의 유무를 묻는 말이므로 적합하지 않다.

어휘　道(길) | 分かる(알다) | すみません(실례합니다) | どこ(어디) | ある(있다) | ごめんなさい(죄송합니다) | 教える(알려주다, 가르치다) | ~てください(~해 주세요)

もんだい4では、えなどが　ありません。ぶんを　きいて、1から　3のなかから、いちばん　いい　ものを　ひとつ　えらんでください。

れい

F：山本さん、先生の電話番号を知っていますか。

M：1　いいえ、もちろんです。
　　2　はい、少しだけ知っています。
　　3　いいえ、分かりません。

1ばん

F：昨日、何時に寝ましたか。

M：1　9時半に起きました。
　　2　10時に寝ました。
　　3　8時に寝ます。

문제 4 문제4에서는 그림 등이 없습니다. 문장을 듣고, 1에서 3 중에서 가장 알맞은 것을 하나 고르세요.

예 정답 3

F：야마토 씨, 선생님의 전화번호를 알고 있나요?

M：1　아니요, 물론이죠.
　　2　네, 조금만 알고 있어요.
　　3　아뇨, 모르겠어요.

1번 정답 2

F：어제 몇 시에 잤습니까?

M：1　9시 반에 일어났습니다.
　　2　10시에 잤습니다.
　　3　8시에 잡니다.

해설 질문은 「昨日(어제)」「何時(몇 시)」에 잤냐이니, 대답도 이에 맞추어 해야 하므로 2번이 정답이 된다. 일어난 시간이 아니라 잠든 시간에 관해 묻고 있으므로 1번은 답이 될 수 없고, 3번은 몇 시에 잘 거냐는 질문에 대한 반응이므로 오답이다.

어휘 昨日(어제) | 何時(몇 시) | 寝る(잠을 자다) | 起きる(일어나다)

2ばん

M：昨日、どこで遊びましたか。

F：1　公園で遊びました。
　　2　学校で遊びます。
　　3　昨日は遊びました。

2번 정답 1

M：어제 어디서 놀았나요?

F：1　공원에서 놀았어요.
　　2　학교에서 놀아요.
　　3　어제는 놀았어요.

해설 '어제' 놀았던 '장소'에 대한 질문이므로 장소가 언급된 선택지는 1번과 2번이지만, 2번은 미래의 일 또는 자신의 평소 습관에 대해 말하는 표현이므로 답이 될 수 없고, 1번이 답이 된다. 3번은 장소가 없으므로 오답이다.

어휘 昨日(어제) | どこ(어디) | 遊ぶ(놀다) | 公園(공원) | 学校(학교)

3ばん

F : はじめまして、私は山田です。

M : 1　山田さんという人ですね。

　　2　どういたしまして。

　　3　どうぞよろしく。

3번 정답 3

F : 처음 뵙겠습니다, 저는 야마다입니다.

M : 1　야마다 씨라는 사람이군요.

　　2　천만에요.

　　3　부디 잘 부탁해요.

해설 여자가 처음 만난 남자에게 인사를 하는 상황이다. 인사를 받은 남자가 자신도 잘 부탁한다고 대답하고 있는 3번이 답이다. 1번은 다른 3자에게 야마다라는 사람에 대한 소개를 받았을 때 나오는 반응이므로 답이 될 수 없고, 2번은 감사 인사를 들었을 때의 대답이므로 이 상황에는 맞지 않는다.

어휘 はじめまして(처음 뵙겠습니다) | ～という(~라고 하는, ~라는) | 人(사람) | どうぞ(부디, 아무쪼록)

4ばん

M : すみません。さくら病院はどこですか。

F : 1　病院は遠かったです。

　　2　昨日、行きました。

　　3　すみません、分かりません。

4번 정답 3

M : 실례합니다. 사쿠라 병원은 어디입니까?

F : 1　병원은 멀었습니다.

　　2　어제 갔습니다.

　　3　죄송합니다, 모릅니다.

해설 병원의 위치를 묻는 질문이다. 1번은 단지 병원이 멀었다는 말이므로 오답이고, 2번은 언제 병원에 갔는지를 말하고 있으므로 답이 될 수 없다. 따라서 병원의 위치를 모른다고 답한 3번이 정답이다.

어휘 すみません(실례합니다, 죄송합니다) | 病院(병원) | どこ(어디) | 遠い(멀다) | 昨日(어제) | 行く(가다) | 分かる(알다)

5ばん

F : こちらに名前を書いてください。

M : 1　私は山田です。

　　2　ペンを貸していただけませんか。

　　3　はい、ここです。

5번 정답 2

F : 이쪽에 이름을 적어 주세요.

M : 1　저는 야마다입니다.

　　2　펜을 빌려주실 수 없겠습니까?

　　3　네, 여기입니다.

해설 이름을 써 달라는 요청에 대한 적절한 반응은 2번이다. 2번은 '네' 또는 '아니오'로 대답하진 않았지만, 이름을 적기 위해서 펜을 빌려 달라고 부탁하고 있으므로 정답이다. 1번은 이름을 알려 달라는 요청을 받았을 때 나올 수 있는 대답이고, 3번은 문맥과 전혀 맞지 않는다. 「～ていただけませんか」는 상대에게 정중하게 요청할 때 사용하는 표현이니 꼭 기억해 두기 바란다. 「教えていただけませんか(가르쳐 주실 수 없겠습니까?)」

어휘 こちら(이쪽, 여기) | 名前(이름) | 書く(쓰다) | ～てください(~해 주세요) | 私(저, 나) | 貸す(빌려주다) | ～ていただく(~해 받다) | ここ(여기)

M：明日、山口さんの送別会をします。

F：1　何時からですか。

　　2　どのくらいですか。

　　3　はい、そうです。

M : 내일, 야마구치 씨 송별회를 합니다.

F : 1　몇 시부터예요?

　　2　어느 정도예요?

　　3　네, 그렇습니다.

해설　내일 송별회 한다는 것은 알겠는데 구체적인 시간이나 장소를 말하지 않았다. 따라서 이를 들은 사람의 반응으로 적당한 것은 시간 또는 장소를 묻는 것이므로, 시간을 묻고 있는 1번이 답이 된다. 2번은 양이나 시간의 길이를 물을 때 사용하는 표현이고, 3번은 상대의 말에 동의하는 표현이므로 송별회가 열린다는 사실을 들은 후의 반응으로는 적절치 않다.

어휘　明日(내일) | 送別会(송별회) | 何時(몇 시) | ～から(~부터) | どのくらい(어느 정도) | そうだ(그렇다)

시원스쿨닷컴

にほんごのうりょくしけん かいとうようし

N5 げんごちしき(もじ・ごい)

JLPT 최신 기출 유형
실전모의고사 N5 제1회

じゅけんばんごう
Examinee Registration Number

なまえ
Name

もんだい1

1	①	②	③	④
2	①	②	③	④
3	①	②	③	④
4	①	②	③	④
5	①	②	③	④
6	①	②	③	④
7	①	②	③	④

もんだい2

8	①	②	③	④
9	①	②	③	④
10	①	②	③	④
11	①	②	③	④
12	①	②	③	④

もんだい3

13	①	②	③	④
14	①	②	③	④
15	①	②	③	④
16	①	②	③	④
17	①	②	③	④
18	①	②	③	④

もんだい4

19	①	②	③	④
20	①	②	③	④
21	①	②	③	④

にほんごのうりょくしけん かいとうようし

N5 げんごちしき (ぶんぽう)・どっかい

じゅけんばんごう
Examinee Registration
Number

<ちゅうい Notes>

1. くろいえんぴつ(HB、No.2)でかいてください。
(ペンやボールペンではかかないでください。)
Use a black medium soft (HB or No.2) pencil.
(Do not use any kind of pen.)

2. かきなおすときは、けしゴムできれいにけしてください。
Erase any unintended marks completely.

3. きたなくしたり、おったりしないでください。
Do not soil or bend this sheet.

4. マークれい Marking examples

よいれい Correct Example	わるいれい Incorrect Examples
●	◌ ⊘ ◯ ⊙ ⊖ ◑

もんだい1

1	①	②	③	④
2	①	②	③	④
3	①	②	③	④
4	①	②	③	④
5	①	②	③	④
6	①	②	③	④
7	①	②	③	④
8	①	②	③	④
9	①	②	③	④

もんだい2

10	①	②	③	④
11	①	②	③	④
12	①	②	③	④
13	①	②	③	④

もんだい3

14	①	②	③	④
15	①	②	③	④
16	①	②	③	④
17	①	②	③	④

もんだい4

18	①	②	③	④
19	①	②	③	④

もんだい5

20	①	②	③	④
21	①	②	③	④

もんだい6

22	①	②	③	④

にほんごのうりょくしけん かいとうようし

N5 ちょうかい

じゅけんばんごう
Examinee Registration
Number

なまえ
Name

<ちゅうい Notes>

1. <ろいえんぴつ(HB、No.2)でかいてください。
（ペンやボールペンではかかないでください。）
Use a black medium soft (HB or No.2) pencil.
(Do not use any kind of pen.)

2. かきなおすときは、けしゴムできれいにけしてください。
Erase any unintended marks completely.

3. きたなくしたり、おったりしないでください。
Do not soil or bend this sheet.

4. マークれい Marking examples

よいれい Correct Example	わるいれい Incorrect Examples
●	⊘ ⊙ ⊘ ○ ◑ ◐

もんだい1

れい	①	②	❸	④
1	①	②	③	④
2	①	②	③	④
3	①	②	③	④
4	①	②	③	④
5	①	②	③	④
6	①	②	③	④
7	①	②	③	④

もんだい2

れい	①	❷	③	④
1	①	②	③	④
2	①	②	③	④
3	①	②	③	④
4	①	②	③	④
5	①	②	③	④
6	①	②	③	④

もんだい3

れい	❶	②	③	④
1	①	②	③	④
2	①	②	③	④
3	①	②	③	④
4	①	②	③	④
5	①	②	③	④

もんだい4

れい	①	②	❸	④
1	①	②	③	④
2	①	②	③	④
3	①	②	③	④
4	①	②	③	④
5	①	②	③	④
6	①	②	③	④

にほんごのうりょくしけん かいとうようし

N5 げんごちしき(もじ・ごい)

じゅけんばんごう
Examinee Registration
Number

なまえ
Name

<ちゅうい Notes>

1. <ろいえんぴつ(HB、No.2)でかいてください。
　(ペンやボールペンで かかないでください。)
　Use a black medium soft (HB or No.2) pencil.
　(Do not use any kind of pen.)

2. かきなおすときは、けしゴムできれいにけしてくださ
　い。
　Erase any unintended marks completely.

3. きたなくしたり、おったりしないでください。
　Do not soil or bend this sheet.

4. マークれい Marking examples

よいれい Correct Example	わるいれい Incorrect Examples
●	⊘ ⊗ ⊖ ⊙ ◑ ●

もんだい1

1	①	②	③	④
2	①	②	③	④
3	①	②	③	④
4	①	②	③	④
5	①	②	③	④
6	①	②	③	④
7	①	②	③	④

もんだい2

8	①	②	③	④
9	①	②	③	④
10	①	②	③	④
11	①	②	③	④
12	①	②	③	④

もんだい3

13	①	②	③	④
14	①	②	③	④
15	①	②	③	④
16	①	②	③	④
17	①	②	③	④
18	①	②	③	④

もんだい4

19	①	②	③	④
20	①	②	③	④
21	①	②	③	④

にほんごのうりょくしけん かいとうようし

N5 げんごちしき (ぶんぽう)・どっかい

じゅけんばんごう
Examinee Registration
Number

なまえ
Name

もんだい 1

1	① ② ③ ④
2	① ② ③ ④
3	① ② ③ ④
4	① ② ③ ④
5	① ② ③ ④
6	① ② ③ ④
7	① ② ③ ④
8	① ② ③ ④
9	① ② ③ ④

もんだい 2

10	① ② ③ ④
11	① ② ③ ④
12	① ② ③ ④
13	① ② ③ ④

もんだい 3

14	① ② ③ ④
15	① ② ③ ④
16	① ② ③ ④
17	① ② ③ ④

もんだい 4

| 18 | ① ② ③ ④ |
| 19 | ① ② ③ ④ |

もんだい 5

| 20 | ① ② ③ ④ |
| 21 | ① ② ③ ④ |

もんだい 6

| 22 | ① ② ③ ④ |

にほんごのうりょく しけん かいとうようし

N5 ちょうかい

JLPT 최신 기출 유형
실전모의고사 N5 제2회

じゅけんばんごう
Examinee Registration Number

Name

なまえ
Name

<ちゅうい Notes>

1. <ろいえんぴつ(HB、No.2)でかいてください。
   (ペンやボールペンではかかないでください。)
   Use a black medium soft (HB or No.2) pencil.
   (Do not use any kind of pen.)

2. かきなおすときは、けしゴムできれいにけしてください。
   Erase any unintended marks completely.

3. きたなくしたり、おったりしないでください。
   Do not soil or bend this sheet.

4. マークれい Marking examples

よいれい Correct Example	わるいれい Incorrect Examples
●	○ ◑ ⊘ ⊙ ① ⊖

もんだい1

	1	2	3	4
れい	①	②	❸	④
1	①	②	③	④
2	①	②	③	④
3	①	②	③	④
4	①	②	③	④
5	①	②	③	④
6	①	②	③	④
7	①	②	③	④

もんだい2

	1	2	3	4
れい	①	❷	③	④
1	①	②	③	④
2	①	②	③	④
3	①	②	③	④
4	①	②	③	④
5	①	②	③	④
6	①	②	③	④

もんだい3

	1	2	3	4
れい	❶	②	③	④
1	①	②	③	④
2	①	②	③	④
3	①	②	③	④
4	①	②	③	④
5	①	②	③	④

もんだい4

	1	2	3	4
れい	①	②	❸	④
1	①	②	③	④
2	①	②	③	④
3	①	②	③	④
4	①	②	③	④
5	①	②	③	④
6	①	②	③	④

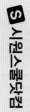

にほんごのうりょくしけん かいとうようし

N5 げんごちしき(もじ・ごい)

じゅけんばんごう
Examinee Registration Number

なまえ
Name

もんだい1

1	①	②	③	④
2	①	②	③	④
3	①	②	③	④
4	①	②	③	④
5	①	②	③	④
6	①	②	③	④
7	①	②	③	④

もんだい2

8	①	②	③	④
9	①	②	③	④
10	①	②	③	④
11	①	②	③	④
12	①	②	③	④

もんだい3

13	①	②	③	④
14	①	②	③	④
15	①	②	③	④
16	①	②	③	④
17	①	②	③	④
18	①	②	③	④

もんだい4

19	①	②	③	④
20	①	②	③	④
21	①	②	③	④

にほんごのうりょくしけん かいとうようし

N5 げんごちしき (ぶんぽう)・どっかい

なまえ
Name

じゅけんばんごう
Examinee Registration
Number

<ちゅうい Notes>

1. <ろいえんぴつ(HB、No.2)でかいてください。>
(ペンやボールペンではかかないでください。)
Use a black medium soft (HB or No.2) pencil.
(Do not use any kind of pen.)

2. かきなおすときは、けしゴムできれいにけしてください。
Erase any unintended marks completely.

3. きたなくしたり、おったりしないでください。
Do not soil or bend this sheet.

4. マークれい Marking examples

よいれい Correct Example	わるいれい Incorrect Examples
●	⊘ ⊝ ① ⊗ ⊖ ◑

もんだい1

1	① ② ③ ④
2	① ② ③ ④
3	① ② ③ ④
4	① ② ③ ④
5	① ② ③ ④
6	① ② ③ ④
7	① ② ③ ④
8	① ② ③ ④
9	① ② ③ ④

もんだい2

10	① ② ③ ④
11	① ② ③ ④
12	① ② ③ ④
13	① ② ③ ④

もんだい3

14	① ② ③ ④
15	① ② ③ ④
16	① ② ③ ④
17	① ② ③ ④

もんだい4

| 18 | ① ② ③ ④ |
| 19 | ① ② ③ ④ |

もんだい5

| 20 | ① ② ③ ④ |
| 21 | ① ② ③ ④ |

もんだい6

| 22 | ① ② ③ ④ |

にほんごのうりょくしけん かいとうようし

N5 ちょうかい

JLPT 최신 기출 유형
설전모의고사 N5 제3회

じゅけんばんごう
Examinee Registration
Number

なまえ
Name

<ちゅうい Notes>

1. <ろいえんぴつ(HB、No.2)でかいてください。
（ペンやボールペンではかかないでください。）
Use a black medium soft (HB or No.2) pencil.
(Do not use any kind of pen.)

2. かきなおすときは、けしゴムできれいにけしてください。
Erase any unintended marks completely.

3. きたなくしたり、おったりしないでください。
Do not soil or bend this sheet.

4. マークれい Marking examples

よいれい Correct Example	わるいれい Incorrect Examples
●	⊘ ⊖ ⊕ ⊙ ⊗ ◑

もんだい 1

れい	① ② ❸ ④
1	① ② ③ ④
2	① ② ③ ④
3	① ② ③ ④
4	① ② ③ ④
5	① ② ③ ④
6	① ② ③ ④
7	① ② ③ ④

もんだい 2

れい	① ❷ ③ ④
1	① ② ③ ④
2	① ② ③ ④
3	① ② ③ ④
4	① ② ③ ④
5	① ② ③ ④
6	① ② ③ ④

もんだい 3

れい	❶ ② ③ ④
1	① ② ③ ④
2	① ② ③ ④
3	① ② ③ ④
4	① ② ③ ④
5	① ② ③ ④

もんだい 4

れい	① ② ❸ ④
1	① ② ③ ④
2	① ② ③ ④
3	① ② ③ ④
4	① ② ③ ④
5	① ② ③ ④
6	① ② ③ ④

MEMO

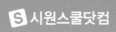

쉿! 시험 직전 기출 시크릿 노트

실전대비 특별 부록

어휘편 **+** 문형편

기출 어휘 & 문형
암기 미션

미션		미션일	미션 완료 체크
미션 1 (p. 4)	최신 기출 동사 ① ② + 셀프테스트	월 일	☐
미션 2 (p. 10)	최신 기출 명사 ① ② + 셀프테스트	월 일	☐
미션 3 (p. 16)	최신 기출 명사 ③ ④ + 셀프테스트	월 일	☐
미션 4 (p. 22)	최신 기출 な·い형용사 + 셀프테스트	월 일	☐
미션 5 (p. 28)	최신 기출 기타 + 셀프테스트	월 일	☐
미션 6 (p. 36)	기출 문형 ① + 셀프테스트	월 일	☐
미션 7 (p. 38)	기출 문형 ② + 셀프테스트	월 일	☐
미션 8 (p. 40)	기출 문형 ③ + 셀프테스트	월 일	☐
미션 9 (p. 42)	기출 문형 ④ + 셀프테스트	월 일	☐
미션 10 (p. 44)	기출 문형 ⑤ + 셀프테스트	월 일	☐
미션 11 (p. 46)	기출 문형 ⑥ + 셀프테스트	월 일	☐
미션 12 (p. 48)	기출 문형 ⑦ + 셀프테스트	월 일	☐
미션 13 (p. 50)	기출 문형 ⑧ + 셀프테스트	월 일	☐
미션 14 (p. 52)	기출 문형 ⑨ + 셀프테스트	월 일	☐
미션 15 (p. 54)	기출 문형 ⑩ + 셀프테스트	월 일	☐

쉿!
시험 직전 기출 시크릿 노트

N5 최신 기출 동사 ❶

✎ 회독체크 ☐ 1회독 ☐ 2회독 ☐ 3회독

*어휘 옆 숫자는 기출 연도입니다.

어휘	읽기	의미	어휘	읽기	의미
会う ⑪⑰㉑㉒	あう	만나다	書く ⑭㉒	かく	쓰다
開ける ⑰㉑㉒	あける	열다	かける ㉑		걸다
遊ぶ ⑰㉒	あそぶ	놀다	貸す ⑯	かす	빌려주다
浴びる ⑮⑱⑲	あびる	(샤워)하다, 뒤집어쓰다,	かぶる ㉑㉓		(모자 등)쓰다 뒤집어 쓰다
洗う ⑰	あらう	빨다, 씻다	借りる ⑲	かりる	빌리다
歩く ⑲	あるく	걷다	聞く ㉒㉓	きく	듣다
言う ⑪⑭⑯	いう	말하다	切る ⑯	きる	자르다
行く ⑰	いく	가다	着る ㉑	きる	입다
歌う ⑰㉒	うたう	노래하다	来る ⑪⑮⑰㉔	くる	오다
生まれる ⑪⑮	うまれる	태어나다	消す ⑪⑯㉑	けす	지우다
売る ⑱	うる	팔다	咲く ㉑	さく	(꽃) 피다
置く ⑫	おく	두다	閉まる ⑰㉑	しまる	닫다
教える ⑱⑲㉔	おしえる	가르치다	吸う ㉓	すう	마시다
押す ㉑	おす	밀다	住む ㉒	すむ	살다
降りる ⑫㉑㉒㉔	おりる	내리다	する ⑰		~하다
覚える ⑱	おぼえる	기억하다	座る ⑫	すわる	앉다
買う ⑱⑲㉒㉓	かう	사다	出す ㉑㉒㉓	だす	내다
帰る ⑫㉑㉒㉔	かえる	돌아가다	立つ ⑲㉑㉔	たつ	일어서다

쉿! 시험 직전 기출 시크릿 노트

N5 최신 기출 동사 ❷

✎ 회독체크 □1회독 □2회독 □3회독 *어휘 옆 숫자는 기출 연도입니다.

어휘	읽기	의미	어휘	읽기	의미
食べる ⑬⑰㉑㉒	たべる	먹다	はく ⑱㉒㉔		신다, (바지 등) 입다
使う ㉒	つかう	쓰다, 사용하다	始まる ⑫㉒	はじまる	시작되다
疲れる ⑲	つかれる	지치다	働く ⑬⑲	はたらく	일하다
つく ⑫		도착하다	話す ⑬㉑㉔	はなす	이야기하다
作る ⑫	つくる	만들다	晴れる ㉓	はれる	맑다
つける ⑯⑰		붙이다	ひく ⑰		끌다, 잡아당기다
出る ⑬⑰㉑㉒	でる	나가다	吹く ⑯	ふく	불다
止まる ⑫	とまる	멈추다	待つ ⑫	まつ	기다리다
取る ⑰	とる	잡다	磨く ⑲	みがく	닦다
習う ⑬⑱⑲㉒	ならう	배우다	見る ⑯	みる	보다
並べる ⑰	ならべる	늘어놓다	持つ ㉒	もつ	갖다
脱ぐ ㉑	ぬぐ	벗다	休む ⑰⑱㉒	やすむ	쉬다
登る ⑫⑮	のぼる	(산) 오르다	読む ⑫㉔	よむ	읽다
飲む ⑪⑮⑲㉑㉒㉓	のむ	마시다	忘れる ⑮⑰㉓㉔	わすれる	잊다
乗る ⑫㉒	のる	타다	渡る ⑭⑮	わたる	건너다
入る ⑫⑰㉑㉒㉓	はいる	들어가다			

쉿! 시험 직전 기출 시크릿 노트

N5 최신 기출 동사 셀프테스트 ①

기출 단어의 읽는 법을 고르고, 밑줄에 뜻을 써 보세요. *어휘 옆 숫자는 기출 연도입니다.

[예] 学生　✓① がくせい　② がっせい　학생

[1] 開ける ⑰㉑㉒　① あける　② きける　＿＿＿＿

[2] 教える ⑱⑲　① おそえる　② おしえる　＿＿＿＿

[3] 並べる ⑰　① ならべる　② たべる　＿＿＿＿

[4] 働く ⑬⑲　① うごく　② はたらく　＿＿＿＿

[5] 押す ㉑　① おす　② かす　＿＿＿＿

[6] 書く ⑭㉒　① かく　② おく　＿＿＿＿

[7] 帰る ⑫㉑㉒　① くる　② かえる　＿＿＿＿

[8] 入る ⑫⑰㉑㉒㉓　① いる　② はいる　＿＿＿＿

[9] 出す ㉑㉒㉓　① です　② だす　＿＿＿＿

[10] 買う ⑱⑲㉒㉓　① かう　② いう　＿＿＿＿

[11] 話す ⑬㉑　① はなす　② けす　＿＿＿＿

[12] 聞く ㉒㉓　① あく　② きく　＿＿＿＿

N5 최신 기출 동사 정답

[1] ① 열다　[2] ② 가르치다　[3] ① 늘어놓다　[4] ② 일하다　[5] ① 밀다　[6] ① 쓰다
[7] ② 돌아오다　[8] ② 들어가다　[9] ② 내다　[10] ① 사다　[11] ① 이야기하다　[12] ② 듣다

쉿! 시험 직전 기출 시크릿 노트

N5 최신 기출 동사 셀프테스트 ②

기출 단어의 뜻을 찾아 줄을 그어 보세요.

*어휘 옆 숫자는 기출 연도입니다.

[1] する ⑰	① 오르다
[2] はく ⑱㉒	② 놀다
[3] かける ㉑	③ 신다, (바지 등)입다
[4] のぼる ⑫⑮	④ 하다
[5] あらう ⑰	⑤ 내리다
[6] かす ⑯	⑥ 붙이다
[7] あびる ⑮⑱⑲	⑦ (악기)연주하다, 켜다
[8] あそぶ ⑰㉒	⑧ 빨다, 씻다
[9] ひく ⑰	⑨ (모자 등)쓰다
[10] つける ⑯⑰	⑩ 걸다
[11] おりる ⑫㉑㉒	⑪ 빌려주다
[12] かぶる ㉑㉓	⑫ (샤워)하다, 뒤집어쓰다

N5 최신 기출 동사 정답

[1] ④ [2] ③ [3] ⑩ [4] ① [5] ⑧ [6] ⑪
[7] ⑫ [8] ② [9] ⑦ [10] ⑥ [11] ⑤ [12] ⑨

[쉿!] 시험 직전 기출 시크릿 노트

N5 최신 기출 동사 셀프테스트 ③

기출 단어의 뜻을 찾아 줄을 그어 보세요.

*어휘 옆 숫자는 기출 연도입니다.

[1] する ⑰	① 맑다
[2] 立(た)つ ⑲㉑	② 닫다
[3] 借(か)りる ⑲	③ 하다
[4] 晴(は)れる ㉓	④ 갖다
[5] 生(う)まれる ⑪⑮	⑤ 건너다
[6] 作(つく)る ⑫	⑥ 빌리다
[7] 閉(し)まる ⑰㉑	⑦ 일어서다
[8] 消(け)す ⑪⑯㉑	⑧ 걷다
[9] 歩(あ)く ⑲	⑨ 지우다
[10] 持(も)つ ⑫	⑩ 태어나다
[11] 習(なら)う ⑬⑱⑲㉒	⑪ 만들다
[12] 渡(わた)る ⑭⑮	⑫ 배우다

N5 최신 기출 동사 정답

[1] ③ [2] ⑦ [3] ⑥ [4] ① [5] ⑩ [6] ⑪
[7] ② [8] ⑨ [9] ⑧ [10] ④ [11] ⑫ [12] ⑤

쉿! 시험 직전 기출 시크릿 노트

N5 최신 기출 동사 셀프테스트 ④

빈칸에 읽는 법과 뜻을 적고, 정답을 확인하세요.

*어휘 옆 숫자는 기출 연도입니다.

단어	읽는 법	뜻	정답
言う ⑪⑭⑯			いう 말하다
覚える ⑱			おぼえる 암기하다
出る ⑬⑰㉑㉒			でる 나오다
忘れる ⑮⑰㉓			わすれる 잊다
休む ⑰⑱㉒			やすむ 쉬다
使う ㉒			つかう 쓰다, 사용하다
飲む ⑪⑮⑲㉑㉒㉓			のむ 마시다
会う ⑪⑰㉑㉒			あう 만나다
乗る ⑫㉒			のる 타다
見る ⑯			みる 보다
来る ⑪⑮⑰			くる 오다
住む ㉒			すむ 살다
読む ⑫			よむ 읽다
食べる ⑬⑰㉑㉒			たべる 먹다
始まる ⑫㉒			はじまる 시작되다
行く ⑰			いく 가다

쉿!

시험 직전 기출 시크릿 노트

N5 최신 기출 명사 ❶

✎ 회독체크　☐1회독 ☐2회독 ☐3회독　　*어휘 옆 숫자는 기출 연도입니다.

어휘	읽기	의미	어휘	읽기	의미
間 ⑯	あいだ	사이	お姉さん ㉑㉒	おねえさん	(타인의) 언니, 누나
朝 ⑰	あさ	아침	女の子 ⑬⑭㉒	おんなのこ	여자
足 ㉑	あし	발	外国 ⑭⑮⑰㉒㉔	がいこく	외국
後 ⑪	あと	뒤	会社⑭⑮⑯㉒㉓	かいしゃ	회사
雨 ⑫	あめ	비	階段 ⑰	かいだん	계단
いす ⑭		의자	買い物 ㉑	かいもの	쇼핑
犬 ⑱	いぬ	개	顔 ⑬㉒	かお	얼굴
上 ⑱⑲	うえ	위	カギ ⑫㉒		열쇠
後ろ ⑪	うしろ	뒤, 뒤쪽	風 ⑰	かぜ	바람
上着 ⑭	うわぎ	겉옷	家族 ⑫	かぞく	가족
映画 ⑰	えいが	영화	学校 ⑪⑮⑯⑰	がっこう	학교
英語 ⑱⑲㉒	えいご	영어	かみ ㉒		머리카락
お母さん㉑㉒	おかあさん	(타인의)어머니	火よう日⑯㉑㉒	かようび	화요일
お金 ⑫	おかね	돈	川 ⑫⑭⑮⑯㉓	かわ	강
お手洗い ㉒	おてあらい	화장실	北 ⑭⑰	きた	북쪽
お父さん ㉑㉒	おとうさん	(타인의)아빠	北口 ㉒	きたぐち	북쪽 출구
男の子 ⑱㉓	おとこのこ	남자	切手 ⑭⑱	きって	우표
一昨日 ⑱	おととい	그저께	切符 ⑰	きっぷ	표, 티켓
一昨年 ⑪⑭	おととし	재작년	牛乳 ㉑	ぎゅうにゅう	우유
お兄さん㉑㉒	おにいさん	(타인의)오빠, 형	今日 ⑰	きょう	오늘

쉿!
시험 직전 기출 시크릿 노트

N5 최신 기출 명사 ❷

✎ 회독체크 ☐1회독 ☐2회독 ☐3회독

*어휘 옆 숫자는 기출 연도입니다.

어휘	읽기	의미	어휘	읽기	의미
兄弟 ⑫	きょうだい	형제	下 ⑰	した	밑, 아래
金よう日㉑㉓	きんようび	금요일	質問 ⑯	しつもん	질문
薬 ㉓	くすり	약	写真 ⑰	しゃしん	사진
果物 ⑰㉑	くだもの	과일	宿題 ⑲	しゅくだい	숙제
国 ㉑	くに	나라	信号 ㉓	しんごう	신호
首 ㉒	くび	목	新聞 ⑬⑯⑰㉒㉓	しんぶん	신문
くもり ⑬⑰		흐림	水よう日 ㉒㉓	すいようび	수요일
車 ⑪⑭⑰	くるま	차	先月 ⑫⑱	せんげつ	지난 달
今朝 ⑰	けさ	오늘 아침	先週 ⑲㉒	せんしゅう	지난 주
午後 ⑱⑲㉒	ごご	오후	先生 ⑲㉑	せんせい	선생님
午前 ㉒㉓	ごぜん	오전	せんたく ⑯㉒		세탁
子ども ⑫	こども	아이	そうじ ⑱⑲㉑		청소
今月 ⑮	こんげつ	이번 달	そば ⑰㉒		옆, 곁
今週 ㉒	こんしゅう	이번 주	祖父 ㉓	そふ	조부
財布 ㉒	さいふ	지갑	祖母 ⑫	そぼ	조모
魚 ⑮⑯	さかな	물고기	空 ⑬⑮⑯㉑㉔	そら	하늘
さとう ⑰		설탕	台所 ⑰	だいどころ	부엌
散歩 ⑰⑲㉑	さんぽ	산책	たて物 ⑯	たてもの	건물
仕事 ⑲	しごと	일	食べ物 ㉑	たべもの	음식, 먹을 것
辞書 ⑱	じしょ	사전	誕生日 ⑯⑰	たんじょうび	생일

쉿!
시험 직전 기출 시크릿 노트
N5 최신 기출 명사 셀프테스트 ①

★ 기출 단어의 읽는 법을 고르고, 밑줄에 뜻을 써 보세요. *어휘 옆 숫자는 기출 연도입니다.

[예] 学生	✓① がくせい	② がっせい	학생

[1] 雨 ⑫	① あめ	② ゆき	______
[2] 祖母 ⑫	① そふ	② そぼ	______
[3] 間 ⑯	① すき	② あいだ	______
[4] 学校 ⑪⑮⑯⑰	① がくこう	② がっこう	______
[5] 北 ⑭⑰	① きた	② みなみ	______
[6] 外国 ⑭⑮⑰㉒	① かいくに	② がいこく	______
[7] 午後 ⑱⑲㉒	① こご	② ごご	______
[8] 下 ⑰	① した	② うえ	______
[9] 一昨日 ⑱	① おととし	② おととい	______
[10] 空 ⑬⑮⑯㉑	① そら	② から	______
[11] 魚 ⑮⑯	① さかな	② うし	______
[12] お姉さん ㉑㉒	① おにいさん	② おねえさん	______

N5 최신 기출 명사 정답

[1] ① 비 [2] ② 조모 [3] ② 사이 [4] ② 학교 [5] ① 북쪽 [6] ② 외국
[7] ② 오후 [8] ① 아래, 밑 [9] ② 엊그저께 [10] ① 하늘 [11] ① 물고기 [12] ② (타인의) 언니, 누나

쉿! 시험 직전 기출 시크릿 노트

N5 최신 기출 명사 셀프테스트 ②

기출 단어의 뜻을 찾아 줄을 그어 보세요.

*어휘 옆 숫자는 기출 연도입니다.

[1] 今日(きょう) ⑰	① 열쇠
[2] 風(かぜ) ⑰	② 뒤
[3] 果物(くだもの) ⑰㉑	③ (타인의)어머니
[4] さとう ⑰	④ 오늘
[5] いす ⑭	⑤ 목
[6] くもり ⑬⑰	⑥ 세탁
[7] カギ ⑫㉒	⑦ 설탕
[8] 後(あと) ⑪	⑧ 흐림
[9] せんたく ⑯㉒	⑨ 차
[10] 車(くるま) ⑪⑭⑰	⑩ 의자
[11] 首(くび) ㉒	⑪ 과일
[12] お母(かあ)さん ㉑㉒	⑫ 바람

N5 최신 기출 명사 정답

[1] ④ [2] ⑫ [3] ⑪ [4] ⑦ [5] ⑩ [6] ⑧
[7] ① [8] ② [9] ⑥ [10] ⑨ [11] ⑤ [12] ③

쉿!

시험 직전 기출 시크릿 노트

N5 최신 기출 명사 셀프테스트 ③

빈칸에 읽는 법과 뜻을 적고, 정답을 확인하세요.

*어휘 옆 숫자는 기출 연도입니다.

단어	읽는 법	뜻	정답
食べ物 ㉑			たべもの 음식, 먹을 것
女の子 ⑬⑭㉒			おんなのこ 여자 아이
祖父 ㉓			そふ 조부
川 ⑫⑭⑮⑯㉓			かわ 강
朝 ⑰			あさ 아침
会社 ⑭⑮⑯㉒㉓			かいしゃ 회사
辞書 ⑱			じしょ 사전
信号 ㉓			しんごう 신호
北口 ㉒			きたぐち 북쪽 출구
新聞 ⑬⑯⑰㉒㉓			しんぶん 신문
上 ⑱⑲			うえ 위
先生 ⑲㉑			せんせい 선생님
金よう日 ㉑㉓			きんようび 금요일
顔 ⑬㉒			かお 얼굴
足 ㉑			あし 발

쉿! 시험 직전 기출 시크릿 노트

N5 최신 기출 명사 셀프테스트 ④

빈칸에 읽는 법과 뜻을 적고, 정답을 확인하세요.

*어휘 옆 숫자는 기출 연도입니다.

단어	읽는 법	뜻	정답
午前 ㉒㉓			ごぜん 오전
国 ㉑			くに 나라
誕生日 ⑯⑰			たんじょうび 생일
水よう日 ㉒㉓			すいようび 수요일
火よう日 ⑯㉑㉒			かようび 화요일
財布 ㉒			さいふ 지갑
お兄さん ㉑㉒			おにいさん (타인의)오빠, 형
買い物 ㉑			かいもの 쇼핑
仕事 ⑲			しごと 일
薬 ㉓			くすり 약
お金 ⑫			おかね 돈
先月 ⑫⑱			せんげつ 지난 달
家族 ⑫			かぞく 가족
英語 ⑱⑲㉒			えいご 영어
兄弟 ⑫			きょうだい 형제

쉿!
시험 직전 기출 시크릿 노트

N5 최신 기출 명사 3

회독체크 □1회독 □2회독 □3회독

*어휘 옆 숫자는 기출 연도입니다.

어휘	읽기	의미	어휘	읽기	의미
近く [22]	ちかく	가까운 곳	中 [14][16]	なか	안, 속
地下鉄 [12]	ちかてつ	지하철	名前 [11]	なまえ	이름
地図 [13]	ちず	지도	何か月 [23]	なんかげつ	몇 개월
父 [12][13][23]	ちち	아버지	何人 [13]	なんにん	몇 명
机 [14]	つくえ	책상	西 [15][19]	にし	서쪽
手 [21][23]	て	손	西口 [22]	にしぐち	서쪽 출구
手紙 [13][19]	てがみ	편지	日よう日 [19]	にちようび	일요일
出口 [23]	でぐち	출구	二年前 [16]	にねんまえ	2년전
天気 [13][15][19][23][24]	てんき	날씨	猫 [18]	ねこ	고양이
電車 [21]	でんしゃ	전차	飲み物 [21]	のみもの	음료, 마실것
電話 [17][23]	でんわ	전화	はがき [14][18]		엽서
動物 [18][22]	どうぶつ	동물	場所 [18]	ばしょ	장소
時計 [16]	とけい	시계	鼻 [13]	はな	코
所 [17]	ところ	곳, 장소	花 [12]	はな	꽃
図書館 [13][19]	としょかん	도서관	晴れ [23]	はれ	맑음
友だち [13]	ともだち	친구	半分 [11][14][15][16]	はんぶん	반
土よう日 [13][22]	どようび	토요일	東 [16]	ひがし	동쪽
鳥 [12]	とり	새	東口 [22]	ひがしぐち	동쪽 출구

쉿! 시험 직전 기출 시크릿 노트

N5 최신 기출 명사 ❹

✎ 회독체크 ☐ 1회독 ☐ 2회독 ☐ 3회독

*어휘 옆 숫자는 기출 연도입니다.

어휘	읽기	의미	어휘	읽기	의미
左 ⑮㉓	ひだり	왼쪽	南口 ㉒	みなみぐち	남쪽 출구
病院 ㉑㉓	びょういん	병원	耳 ⑮⑱⑲㉑	みみ	귀
ビル ⑰		빌딩	目 ⑪㉑	め	눈
二日前 ⑱	ふつかまえ	2일 전	眼鏡 ㉒	めがね	안경
部屋 ⑲㉑	へや	방	木よう日 ⑰㉒㉓	もくようび	목요일
帽子 ⑮㉓	ぼうし	모자	休み ⑲㉓	やすみ	쉼, 휴일
毎朝 ⑱	まいあさ	매일 아침	山 ⑪⑬⑰	やま	산
毎週 ⑲㉑	まいしゅう	매주	郵便局 ⑱㉒	ゆうびんきょく	우체국
毎日 ⑰	まいにち	매일	雪 ⑫⑬⑰	ゆき	눈
毎晩 ⑬	まいばん	매일 밤	横 ⑰㉒	よこ	옆
前 ⑰	まえ	앞	夜 ⑲	よる	밤
窓 ⑯	まど	창문	来月 ⑯	らいげつ	다음 달
右 ⑭⑱⑲㉑	みぎ	오른쪽	来年 ⑬㉓	らいねん	내년
水よう日 ㉒	すいようび	수요일	両親 ⑪	りょうしん	양친
水 ⑬㉒	みず	물	料理 ⑰㉑	りょうり	요리
店 ⑬⑭⑱㉔	みせ	가게	旅行 ㉑	りょこう	여행
道 ⑫㉒	みち	길	りんご ⑰		사과
南 ⑯⑱	みなみ	남쪽	練習 ㉑	れんしゅう	연습

쉿! 시험 직전 기출 시크릿 노트

N5 최신 기출 명사 셀프테스트 ①

기출 단어의 읽는 법을 고르고, 밑줄에 뜻을 써 보세요. *어휘 옆 숫자는 기출 연도입니다.

[예] 学生	✓① がくせい	② がっせい	학생
[1] 時計 ⑯	① とけい	② じけい	______
[2] 雪 ⑫⑬⑰	① かぜ	② ゆき	______
[3] 半分 ⑪⑭⑮⑯	① はんぶん	② はんわけ	______
[4] 旅行 ㉑	① りょこう	② りょぎょう	______
[5] 地図 ⑬	① ちと	② ちず	______
[6] 地下鉄 ⑫	① じかてつ	② ちかてつ	______
[7] 鳥 ⑫	① とり	② しま	______
[8] 料理 ⑰㉑	① りょり	② りょうり	______
[9] 友だち ⑬	① ゆうだち	② ともだち	______
[10] 部屋 ⑲㉑	① ぶおく	② へや	______
[11] 天気 ⑬⑮⑲㉓	① でんぎ	② てんき	______
[12] 西口 ㉒	① にしぐち	② にしくち	______

N5 최신 기출 명사 정답

[1] ① 시계 [2] ② 눈 [3] ① 절반 [4] ① 여행 [5] ② 지도 [6] ② 지하철
[7] ① 새 [8] ② 요리 [9] ② 친구 [10] ② 방 [11] ② 날씨 [12] ①서쪽 출구

쉿! 시험 직전 기출 시크릿 노트

N5 최신 기출 명사 셀프테스트 ②

기출 단어의 뜻을 찾아 줄을 그어 보세요. *어휘 옆 숫자는 기출 연도입니다.

[1] 中(なか) ⑭⑯	① 길
[2] 前(まえ) ⑰	② 엽서
[3] 何(なん)か月(げつ) ㉓	③ 오른쪽
[4] まいばん ⑬	④ 안, 속
[5] ビル ⑰	⑤ 밤
[6] 右(みぎ) ⑭⑱⑲㉑	⑥ 병원
[7] 道(みち) ⑫㉒	⑦ 앞
[8] めがね ㉒	⑧ 사과
[9] はがき ⑭⑱	⑨ 매일 밤
[10] りんご ⑰	⑩ 빌딩
[11] 夜(よる) ⑲	⑪ 안경
[12] 病院(びょういん) ㉑㉓	⑫ 몇 개월

N5 최신 기출 명사 정답

[1] ④ [2] ⑦ [3] ⑫ [4] ⑨ [5] ⑩ [6] ③
[7] ① [8] ⑪ [9] ② [10] ⑧ [11] ⑤ [12] ⑥

쉿! 시험 직전 기출 시크릿 노트

N5 최신 기출 명사 셀프테스트 ③

기출 단어의 뜻을 찾아 줄을 그어 보세요.

*어휘 옆 숫자는 기출 연도입니다.

[1] 手(て) ㉑㉓	① 맑음
[2] 帽子(ぼうし) ⑮㉓	② 꽃
[3] 父(ちち) ⑫⑬㉓	③ 동물
[4] 郵便局(ゆうびんきょく) ⑱㉒	④ 손
[5] 晴(は)れ ㉓	⑤ 모자
[6] 所(ところ) ⑰	⑥ 곳, 장소
[7] 横(よこ) ⑰㉒	⑦ 음료, 마실 것
[8] 飲(の)み物(もの) ㉑	⑧ 아버지
[9] れんしゅう ㉑	⑨ 우체국
[10] 電話(でんわ) ⑰㉓	⑩ 전화
[11] 花(はな) ⑫	⑪ 연습
[12] 動物(どうぶつ) ⑱㉒	⑫ 옆

N5 최신 기출 명사 정답

[1] ④ [2] ⑤ [3] ⑧ [4] ⑨ [5] ① [6] ⑥
[7] ⑫ [8] ⑦ [9] ⑪ [10] ⑩ [11] ② [12] ③

쉿!
시험 직전 기출 시크릿 노트
N5 최신 기출 명사 셀프테스트 ④

빈칸에 읽는 법과 뜻을 적고, 정답을 확인하세요.　　*어휘 옆 숫자는 기출 연도입니다.

단어	읽는 법	뜻	정답
図書館 ⑬⑲			としょかん 도서관
店 ⑬⑭⑱			みせ 가게
耳 ⑮⑱⑲㉑			みみ 귀
来月 ⑯			らいげつ 다음 달
山 ⑪⑬⑰			やま 산
水 ⑬㉒			みず 물
木よう日 ⑰㉒㉓			もくようび 목요일
土よう日 ⑬㉒			どようび 토요일
二日前 ⑱			ふつかまえ 이틀 전
目 ⑪㉑			め 눈
二年前 ⑯			にねんまえ 2년 전
名前 ⑪			なまえ 이름
近く ㉒			ちかく 근처, 가까운 곳
南 ⑯⑱			みなみ 남쪽
休み ⑲㉓			やすみ 쉼, 휴일
出口 ㉓			でぐち 출구

쉿!

시험 직전 기출 시크릿 노트

N5 최신 기출 な·い형용사

회독체크 ☐ 1회독 ☐ 2회독 ☐ 3회독 *어휘 옆 숫자는 기출 연도입니다.

어휘	읽기	의미	어휘	읽기	의미
明るい ㉑	あかるい	밝다	少ない ⑰㉑㉒	すくない	적다
暑い ⑫	あつい	덥다	狭い ⑫	せまい	좁다
甘い ⑭⑯	あまい	달다	高い ⑬⑮⑯⑰㉒	たかい	높다, 비싸다
忙しい ⑲	いそがしい	바쁘다	小さい ⑯㉒	ちいさい	작다
薄い ⑪㉒	うすい	얇다	近い ⑲㉑	ちかい	가깝다
うるさい ⑱㉒		시끄럽다	つまらない ⑪⑯⑰		재미없다
多い ⑪⑭⑱⑲㉓	おおい	많다	冷たい ⑬㉓	つめたい	차갑다
大きい ⑬㉑	おおきい	크다	強い ⑬⑮	つよい	강하다
重い ㉒	おもい	무겁다	遠い ⑫㉔	とおい	멀다
おもしろい ⑪		재미있다	長い ⑫⑬㉑	ながい	길다
軽い ⑰⑱㉑㉒㉓	かるい	가볍다	ぬるい ⑬		미지근하다
汚い ⑰	きたない	지저분하다	低い ⑫⑬㉑	ひくい	낮다
暗い ⑯	くらい	어둡다	太い ㉒	ふとい	두껍다
寒い ⑫⑬⑰㉒	さむい	춥다	古い ⑱⑲	ふるい	오래되다

쉿!
시험 직전 기출 시크릿 노트
N5 최신 기출 な·い형용사

✎ 회독체크 ☐ 1회독 ☐ 2회독 ☐ 3회독 *어휘 옆 숫자는 기출 연도입니다.

어휘	읽기	의미	어휘	읽기	의미
細い [22]	ほそい	가늘다	きれいな [17]		깨끗한, 예쁜
まずい [12]		맛이 없다	元気な [16]	げんきな	건강한
難しい [11]	むずかしい	어렵다	静かな [13][18]	しずかな	조용한
やさしい[16]		쉽다, 친절하다	上手な [13][17][23]	じょうずな	능숙한, 잘하는
安い [11][21][22]	やすい	싸다	丈夫な [19]	じょうぶな	튼튼한, 건강한
弱い [22]	よわい	약하다	好きな [12]	すきな	좋아하는
			大切な [13]	たいせつな	소중한
			にぎやかな [13][22]		활기찬
			下手な [22][23]	へたな	서투른
			便利な [13][16]	べんりな	편리한

쉿!

시험 직전 기출 시크릿 노트
N5 최신 기출 형용사 셀프테스트 ①

기출 단어의 읽는 법을 고르고, 밑줄에 뜻을 써 보세요. *어휘 옆 숫자는 기출 연도입니다.

[예] 学生	✓① がくせい	② がっせい	학생

[1] 元気な ⑯	① けんきな	② げんきな	______
[2] 少ない ⑰㉑㉒	① すくない	② ちいない	______
[3] 遠い ⑫	① とおい	② ちかい	______
[4] 暗い ⑯	① あかるい	② くらい	______
[5] 大切な ⑬	① たいせつな	② だいせつな	______
[6] 高い ⑬⑮⑯⑰㉒	① ながい	② たかい	______
[7] 新鮮な ⑩	① しんそんな	② しんせんな	______
[8] 下手な ㉒㉓	① べたな	② へたな	______
[9] 安い ⑪㉑㉒	① やすい	② やさしい	______
[10] 太い ㉒	① ふるい	② ふとい	______

N5 최신 기출 형용사 정답

[1] ② 건강한 [2] ① 적다 [3] ① 멀다 [4] ② 어둡다 [5] ① 소중한
[6] ② 높다 [7] ② 신선한 [8] ② 서투른 [9] ① 싸다 [10] ② 굵다

쉿! 시험 직전 기출 시크릿 노트

N5 최신 기출 형용사 셀프테스트 ②

기출 단어의 뜻을 찾아 줄을 그어 보세요.

*어휘 옆 숫자는 기출 연도입니다.

[1] まずい ⑫	① 활기찬
[2] 丈夫(じょうぶ)な ⑲	② 튼튼한, 건강한
[3] おもしろい ⑪	③ 재미있다
[4] きれいな ⑰	④ 맛이 없다
[5] にぎやかな ⑬㉒	⑤ 미지근하다
[6] やさしい ⑯	⑥ 재미가 없다
[7] ぬるい ⑬	⑦ 바쁘다
[8] うるさい ⑱㉒	⑧ 쉽다, 친절하다
[9] つまらない ⑪⑯⑰	⑨ 시끄럽다
[10] 忙(いそが)しい ⑲⑱㉑	⑩ 깨끗한, 예쁜

N5 최신 기출 형용사 정답

[1] ④ [2] ② [3] ③ [4] ⑩ [5] ①
[6] ⑧ [7] ⑤ [8] ⑨ [9] ⑥ [10] ⑦

쉿!

시험 직전 기출 시크릿 노트

N5 최신 기출 형용사 셀프테스트 ③

기출 단어의 뜻을 찾아 줄을 그어 보세요.　　　*어휘 옆 숫자는 기출 연도입니다.

[1] 難(むずか)しい ⑪	① 얇다
[2] 暑(あつ)い ⑫	② 달다
[3] 薄(うす)い ⑪㉒	③ 조용한
[4] 寒(さむ)い ⑫⑬⑰㉒	④ 어렵다
[5] 上手(じょうず)な ⑬⑰㉓	⑤ 춥다
[6] 静(しず)かな ⑬⑱	⑥ 지저분하다
[7] 便利(べんり)な ⑬⑯	⑦ 좁다
[8] 甘(あま)い ⑭⑯	⑧ 능숙한
[9] 汚(きたな)い ⑰	⑨ 편리한
[10] 狭(せま)い ⑫	⑩ 덥다

N5 최신 기출 형용사 정답

[1] ④　[2] ⑩　[3] ①　[4] ⑤　[5] ⑧
[6] ③　[7] ⑨　[8] ②　[9] ⑥　[10] ⑦

쉿! 시험 직전 기출 시크릿 노트

N5 최신 기출 형용사 셀프테스트 ④

빈칸에 읽는 법과 뜻을 적고, 정답을 확인하세요.

*어휘 옆 숫자는 기출 연도입니다.

단어	읽는 법	뜻	정답
明るい ㉑			あかるい 밝다
大きい ⑬㉑			おおきい 크다
冷たい ⑬㉓			つめたい 차갑다
弱い ㉒			よわい 약하다
近い ⑲㉑			ちかい 가깝다
細い ㉒			ほそい 가늘다
多い ⑪⑭⑱⑲㉓			おおい 많다
好きな ⑫			すきな 좋아하는
重い ㉒			おもい 무거운
古い ⑱⑲			ふるい 오래된, 낡은
小さい ⑯㉒			ちいさい 작다
強い ⑬⑮			つよい 강하다
低い ⑫⑬㉑			ひくい 낮다
暗い ⑯			くらい 어둡다

쉿!
시험 직전 기출 시크릿 노트

N5 최신 기출 기타 ①

✎ 회독체크 ☐1회독 ☐2회독 ☐3회독

*어휘 옆 숫자는 기출 연도입니다.

어휘	읽기	의미	어휘	읽기	의미
五日 ㉒	いつか	5일	五つ ⑱⑲	いつつ	5개
同じだ ⑪⑬	おなじだ	같다	七千円 ㉑	ななせんえん	7천엔
九月 ⑲㉔	くがつ	9월	五千円 ㉓	ごせんえん	5천엔
九つ ⑫	ここのつ	9개	九時 ⑮	くじ	9시
五枚 ㉓	ごまい	5장	五分 ㉑	ごふん	5분
三冊 ㉓	さんさつ	3권	六分 ⑱	ろっぷん	6분
三本 ⑫	さんぼん	3자루	百人 ⑯㉑	ひゃくにん	백명
四月 ㉒	しがつ	4월	七万円 ⑱㉒	ななまんえん	칠만엔
七時 ㉓	しちじ	7시	三つ ⑬⑯	みっつ	3개
少し ⑱㉓	すこし	조금	四時 ⑬㉓	よじ	4시
二匹 ㉓	にひき	2마리	六番 ㉒	ろくばん	6번
真っすぐ ⑱	まっすぐ	똑바로, 곧장	六本 ⑰	ろっぽん	6자루

쉿!

시험 직전 기출 시크릿 노트

N5 최신 기출 기타 ②

✎ 회독체크 ☐1회독 ☐2회독 ☐3회독

*어휘 옆 숫자는 기출 연도입니다.

어휘	의미	어휘	의미
アパート ⑰㉑	아파트	それから ㉓	그리고 나서
エアコン ⑫㉒	에어컨	だから ㉑㉓	그러니까
エレベーター ㉑	엘리베이터	たくさん ㉒	많은, 충분한
カレンダー ㉒	달력	タクシー ⑬㉑	택시
コピー ⑬	복사	チケット ㉒	티켓
シャワー ⑰	샤워	ちょっと ㉓	조금, 잠깐
スーパー ㉓	슈퍼	テキスト ㉒	텍스트
いっぱいだ ㉒	가득이다	トイレ ㉑㉒	화장실
いろいろ ㉒	여러가지	レポート ⑬	리포트
すぐ ㉒	바로, 곧	ワイシャツ ⑫	와이셔츠
ノート ㉒	노트	ラジオ ⑫	라디오
パスポート ㉓	여권	ストーブ ⑫	스토브, 난로
まだ ㉓	아직	メートル ⑲	미터
チョコレート ⑱	초콜릿	プール ⑯	수영장

쉿! 시험 직전 기출 시크릿 노트

N5 최신 기출 기타 셀프테스트 ①

기출 단어의 뜻을 찾아 줄을 그어 보세요.

*어휘 옆 숫자는 기출 연도입니다.

[1] カレンダー ㉒ •	• ① 샤워
[2] コピー ⑬ •	• ② 초콜릿
[3] チョコレート ⑱ •	• ③ 여권, 패스포트
[4] タクシー ⑬㉑ •	• ④ 달력
[5] アパート ⑰㉑ •	• ⑤ 와이셔츠
[6] エレベーター ㉑ •	• ⑥ 아파트
[7] チケット ㉒ •	• ⑦ 복사
[8] ワイシャツ ⑫ •	• ⑧ 티켓
[9] シャワー ⑰ •	• ⑨ 엘리베이터
[10] パスポート ㉓ •	• ⑩ 택시

N5 최신 기출 기타 정답

[1] ④ [2] ⑦ [3] ② [4] ⑩ [5] ⑥
[6] ⑨ [7] ⑧ [8] ⑤ [9] ① [10] ③

쉿! 시험 직전 기출 시크릿 노트

N5 최신 기출 기타 셀프테스트 ②

기출 단어의 뜻을 찾아 줄을 그어 보세요.

*어휘 옆 숫자는 기출 연도입니다.

[1] いろいろ ㉒	① 가득이다
[2] それから ㉓	② 같다
[3] まだ ㉓	③ 바로, 곧
[4] すぐ ㉒	④ 여러가지
[5] 真(ま)っすぐ ⑱	⑤ 많은, 충분한
[6] たくさん ㉒	⑥ 조금, 잠깐
[7] だから ㉑㉓	⑦ 똑바로, 곧장
[8] ちょっと ㉓	⑧ 아직
[9] 同(おな)じだ ⑪⑬	⑨ 그러니까
[10] いっぱいだ ㉒	⑩ 그리고 나서

N5 최신 기출 기타 정답

[1] ④ [2] ⑩ [3] ⑧ [4] ③ [5] ⑦
[6] ⑤ [7] ⑨ [8] ⑥ [9] ② [10] ①

쉿! 시험 직전 기출 시크릿 노트

N5 최신 기출 기타 셀프테스트 ③

빈칸에 읽는 법과 뜻을 적고, 정답을 확인하세요.

*어휘 옆 숫자는 기출 연도입니다.

단어	읽는 법	뜻	정답
二匹 ㉓			にひき 두 마리
三つ ⑬⑯			みっつ 3개
百人 ⑯㉑			ひゃくにん 백 명
六番 ㉒			ろくばん 6번
五日 ㉒			いつか 5일
六分 ⑱			ろっぷん 6분
少し ⑱㉓			すこし 조금
三本 ⑫			さんぼん 3자루
九時 ⑮			くじ 9시
六本 ⑰			ろっぽん 6자루
五枚 ㉓			ごまい 5장
七千円 ㉑			ななせんえん 7천엔
三冊 ㉓			さんさつ 3권
七時 ㉓			しちじ 7시
九つ ⑫			ここのつ 9개
四月 ㉒			しがつ 4월

쉿! 시험 직전 기출 시크릿 노트

N5 최신 기출 기타 셀프테스트 ④

기출 단어의 뜻을 찾아 줄을 그어 보세요. *어휘 옆 숫자는 기출 연도입니다.

[1] プール ⑯	① 미터
[2] ラジオ ⑫	② 텍스트
[3] ノート ㉒	③ 스토브, 난로
[4] メートル ⑲	④ 수영장
[5] テキスト ㉒	⑤ 라디오
[6] レポート ⑬	⑥ 슈퍼
[7] トイレ ㉑㉒	⑦ 에어컨
[8] ストーブ ⑫	⑧ 화장실
[9] エアコン ⑫㉒	⑨ 노트
[10] スーパー ㉓	⑩ 리포트

N5 최신 기출 기타 정답

[1] ④ [2] ⑤ [3] ⑨ [4] ① [5] ②
[6] ⑩ [7] ⑧ [8] ③ [9] ⑦ [10] ⑥

✿ MEMO

쉿! 시험 직전 기출 시크릿 노트

N5 기출 문형 ❶

✐ 회독체크 ☐1회독 ☐2회독 ☐3회독

*어휘 옆 숫자는 기출 연도입니다.

기출 문형	의미
わたしの　なまえは　キムです。 ⑩⑪⑫⑬⑯⑱⑲㉒㉓	저의 이름은 김입니다.
おもちゃが　いっぱい　あります。 ⑩	장난감이 가득 있습니다.
ペンは　どこに　ありますか。 ⑩⑬㉒	펜은 어디에 있습니까?
ふくや　アクセサリーを　かいました。 ⑯⑱㉔	옷이랑 액세서리를 샀습니다.
三(みっ)つで　1000円(えん)でした。 ⑩⑬⑱	3개 합해서 천엔 이었습니다.
バスを　おります。 ⑱㉒	버스를(에서) 내렸습니다.
ほんを　かいに　いきます。 ⑯㉒	책을 사러 갑니다.
いもうとは　わたしより　2さい　わかいです。 ⑩⑪㉓	여동생은 저보다 2살 젊습니다.
きれいな　はなですね。 ⑩⑫⑬㉑	예쁜 꽃이네요.
バスに　のります。 ㉓	버스에(를) 탑니다.

쉿! 시험 직전 기출 시크릿 노트

N5 기출 문형 셀프테스트 ①

주요 표현을 우리말로 적어 봅시다.

*어휘 옆 숫자는 기출 연도입니다.

기출 문형	의미
わたしの　なまえは　キムです。 ⑩⑪⑫⑬⑯⑱⑲㉒㉓	
おもちゃが　いっぱい　あります。 ⑩	
ペンは　どこに　ありますか。 ⑩⑬㉒	
ふくや　アクセサリーを　かいました。 ⑯⑱㉔	
三(みっ)つで　1000円(えん)でした。 ⑩⑬⑱	
バスを　おります。 ⑱㉒	
ほんを　かいに　いきます。 ⑯㉒	
いもうとは　わたしより　２さい　わかいです。 ⑩⑪㉓	
きれいな　はなですね。 ⑩⑫⑬㉑	
バスに　のります。 ㉓	

쉿! **시험 직전 기출 시크릿 노트**

N5 기출 문형 ❷

✐ 회독체크 ☐1회독 ☐2회독 ☐3회독

*어휘 옆 숫자는 기출 연도입니다.

기출 문형	의미
この　かさは　だれのですか。 ⑩㉓	이 우산은 누구 것입니까?
かれが　わたしに　はなを　くれました。 ⑫⑱㉑㉒	그가 나에게 꽃을 주었습니다.
パンと　ジュースを　かいます。 ⑩⑪	빵과 주스를 삽니다.
ごはんを　たべます。 ⑱㉑㉒㉓	밥을 먹습니다.
がっこうまで　なにで　いきますか。 ⑩⑬⑱㉒	학교까지 무엇으로 갑니까?
友(とも)だちと　こうえんへ　いきます。 ⑱	친구와 공원에 갑니다.
きょうしつには　エアコンが　ない。 ㉒	교실에는 에어컨이 없다.
あねは　25さいで　せんせいです。 ㉓	누나는 25살이고 선생님입니다.
なつに　日本(にほん)へ　いきます。 ⑪	여름에 일본에 갑니다.
あまり　おもしろく　ありません。 ⑩	별로 재미있지 않습니다.

쉿! 시험 직전 기출 시크릿 노트

N5 기출 문형 셀프테스트 ②

주요 표현을 우리말로 적어 봅시다. *어휘 옆 숫자는 기출 연도입니다.

기출 문형	의미
この　かさは　だれのですか。 ⑩㉓	
かれが　わたしに　はなを　くれました。 ⑫⑱㉑㉒	
パンと　ジュースを　かいます。 ⑩⑪	
ごはんを　たべます。 ⑱㉑㉒㉓	
がっこうまで　なにで　いきますか。 ⑩⑬⑱㉒	
友(とも)だちと　こうえんへ　いきます。 ⑱	
きょうしつには　エアコンが　ない。 ㉒	
あねは　25さいで　せんせいです。 ㉓	
なつに　日本(にほん)へ　いきます。 ⑪	
あまり　おもしろく　ありません。 ⑩	

쉿!
시험 직전 기출 시크릿 노트
N5 기출 문형 ❸

✎ 회독체크 ☐1회독 ☐2회독 ☐3회독

*어휘 옆 숫자는 기출 연도입니다.

기출 문형	의미
あなたも　きて　ください。 ⑩⑪⑯㉓	당신도 와 주세요.
ほんや　ノート　などが　あります。 ⑬⑰㉓	책이나 노트 등이 있습니다.
ゆうびんきょくは　どこですか。 ⑩	우체국은 어디입니까?
きょうは　いきません。 ⑩⑫⑬⑰⑱㉑㉓	오늘은 가지 않습니다.
あした　また　きて　ください。 ⑱	내일 또 와 주세요.
せんせいは　もう　かえりました。 ㉑	선생님은 이미(벌써) 갔습니다.
ドラマには　ぜんぜん　きょうみが　ない。 ⑱⑲	드라마에는 전혀 흥미가 없다.
ときどき　りょこうを　します。 ⑬	때때로 요리를 합니다.
キムと　よんで　ください。 ⑱	김이라고 불러 주세요.
テストは　13時(じ)からです。 ⑰	시험은 13시부터입니다.

쉿!
시험 직전 기출 시크릿 노트
N5 기출 문형 셀프테스트 ③

주요 표현을 우리말로 적어 봅시다. *어휘 옆 숫자는 기출 연도입니다.

기출 문형	의미
あなたも　きて　ください。 ⑩⑪⑯㉓	
ほんや　ノート　などが　あります。 ⑬⑰㉓	
ゆうびんきょくは　どこですか。 ⑩	
きょうは　いきません。 ⑩⑫⑬⑰⑱㉑㉓	
あした　また　きて　ください。 ⑱	
せんせいは　もう　かえりました。 ㉑	
ドラマには　ぜんぜん　きょうみが　ない。 ⑱⑲	
ときどき　りょこうを　します。 ⑬	
キムと　よんで　ください。 ⑱	
テストは　13時(じ)からです。 ⑰	

쉿! 시험 직전 기출 시크릿 노트

N5 기출 문형 ❹

✎ 회독체크 ☐ 1회독 ☐ 2회독 ☐ 3회독

*어휘 옆 숫자는 기출 연도입니다.

기출 문형	의미
つくえの　うえに　ほんが　あります。 ⑪⑫⑬⑰⑱㉑㉒㉓	책상 위에 책이 있습니다.
あしたが　たんじょうびです。 ⑰	내일이 생일입니다.
いえまで　千円(せんえん)ぐらい　かかります。 ⑩⑫⑱⑲㉑	집까지 천 엔 정도 듭니다.
それは　ユリという　はなです。 ⑱	그것은 백합이라는 꽃입니다.
こどもが　こうえんで　あそんで　いる。 ⑩⑫㉒㉔	아이가 공원에서 놀고 있다.
3時間(じかん)しか　ねて　いません。 ⑪⑱⑲	3시간밖에 잠을 자지 않았습니다.
左(ひだり)に　まがって　ください。 ⑩⑱	왼쪽으로 돌아 주세요.
大(おお)きな　こえで　はなして　いる。 ⑲	큰 목소리로 이야기하고 있다.
これは　いくらですか。 ⑰㉔	이것은 얼마입니까?
おおきな　さかなが　およいで　いる。 ⑩	큰 물고기가 헤엄치고 있다.

쉿! 시험 직전 기출 시크릿 노트

N5 기출 문형 셀프테스트 ④

주요 표현을 우리말로 적어 봅시다.

*어휘 옆 숫자는 기출 연도입니다.

기출 문형	의미
つくえの　うえに　ほんが　あります。 [11][12][13][17][18][21][22][23]	
あしたが　たんじょうびです。 [17]	
いえまで　千円(せんえん)ぐらい　かかります。 [10][12][18][19][21]	
それは　ユリという　はなです。 [18]	
こどもが　こうえんで　あそんで　いる。 [10][12][22][24]	
3時間(じかん)しか　ねて　いません。 [11][18][19]	
左(ひだり)に　まがって　ください。 [10][18]	
大(おお)きな　こえで　はなして　いる。 [19]	
これは　いくらですか。 [17][24]	
おおきな　さかなが　およいで　いる。 [10]	

쉿! 시험 직전 기출 시크릿 노트

N5 기출 문형 ❺

✎ 회독체크 ☐1회독 ☐2회독 ☐3회독

*어휘 옆 숫자는 기출 연도입니다.

기출 문형	의미
毎朝(まいあさ) シャワーを あびます。 ㉑	매일 샤워를 합니다.
きのうから ずっと ねて います。 ⑲㉔	어제부터 쭉 자고 있습니다.
よく としょかんへ いきます。 ⑪㉑	자주 도서관에 갑니다.
ごはんの まえに、 てを あらう。 ⑱㉒㉔	밥 먹기 전에 손을 씻는다.
ねるまえに はを みがきましょう。 ⑩⑫㉔	자기 전에 이빨을 닦읍시다.
ごはんを たべてから 水(みず)を のみます。 ⑩㉔	밥을 먹고 나서 물을 마십니다.
はを みがいた あとで ねる。 ⑬㉒㉓	이빨을 닦은 후에 잔다.
父(ちち)が わたしに プレゼントを くれた。 ㉒	아빠가 나에게 선물을 주었다.
友(とも)だちに はなを あげました。 ㉑	친구에게 꽃을 주었습니다.
それは ははに もらいました。 ⑩⑱	그것은 엄마에게 받았습니다.

쉿!
시험 직전 기출 시크릿 노트
N5 기출 문형 셀프테스트 ⑤

주요 표현을 우리말로 적어 봅시다.

*어휘 옆 숫자는 기출 연도입니다.

기출 문형	의미
毎朝(まいあさ)　シャワーを　あびます。 ㉑	
きのうから　ずっと　ねて　います。 ⑲㉔	
よく　としょかんへ　いきます。 ⑪㉑	
ごはんの　まえに、　てを　あらう。 ⑱㉒㉔	
ねるまえに　はを　みがきましょう。 ⑩⑫㉔	
ごはんを　たべてから　水(みず)を　のみます。 ⑩㉔	
はを　みがいた　あとで　ねる。 ⑬㉒㉓	
父(ちち)が　わたしに　プレゼントを　くれた。 ㉒	
友(とも)だちに　はなを　あげました。 ㉑	
それは　ははに　もらいました。 ⑩⑱	

쉿! 시험 직전 기출 시크릿 노트

N5 기출 문형 ❻

회독체크 ☐1회독 ☐2회독 ☐3회독

*어휘 옆 숫자는 기출 연도입니다.

기출 문형	의미
その　ほんは　だれの　ほんですか。 ⑬	그 책은 누구 책입니까?
まどから　あめが　はいります。 ⑰㉑㉒	창문으로 비가 들어옵니다.
いえでも　れんしゅうして　ください。 ㉒	집에서도 연습해 주세요.
ここまでは　わかりましたか。 ⑩㉒	여기까지는 알았습니까?
ジュースを　のみながら、　ほんを　よむ。 ⑱	주스를 마시면서 책을 읽는다.
おとうとのほうが　せが　たかい。 ㉓	남동생의 편이 키가 크다.
あの　ひとが　やまださんです。 ㉓	저 사람이 야마다 씨입니다.
どっちが　大(おお)きいですか。 ⑱⑲㉒㉓	어느 쪽이 큽니까?
母(はは)は　やさしいですが、　父(ちち)は　こわいです。 ⑫	엄마는 자상합니다만, 아빠는 무섭습니다.
きょうは　何(なに)も　食(た)べませんでした。 ⑲㉔	오늘은 아무 것도 먹지 않았습니다.

쉿! 시험 직전 기출 시크릿 노트

N5 기출 문형 셀프테스트 ⑥

주요 표현을 우리말로 적어 봅시다. *어휘 옆 숫자는 기출 연도입니다.

기출 문형	의미
その　ほんは　だれの　ほんですか。 ⑬	
まどから　あめが　はいります。 ⑰㉑㉒	
いえでも　れんしゅうして　ください。 ㉒	
ここまでは　わかりましたか。 ⑩㉒	
ジュースを　のみながら、　ほんを　よむ。 ⑱	
おとうとのほうが　せが　たかい。 ㉓	
あの　ひとが　やまださんです。 ㉓	
どっちが　大(おお)きいですか。 ⑱⑲㉒㉓	
母(はは)は　やさしいですが、　父(ちち)は　こわいです。 ⑫	
きょうは　何(なに)も　食(た)べませんでした。 ⑲㉔	

쉿! 시험 직전 기출 시크릿 노트

N5 기출 문형 ❼

✎ 회독체크　☐ 1회독　☐ 2회독　☐ 3회독　　　*어휘 옆 숫자는 기출 연도입니다.

기출 문형	의미
いぬと　ねこと　どちらが　好(す)きですか。 ⑬㉒	개와 고양이 중에 어느 쪽이 좋습니까?
あには　ギターが　じょうずです。 ㉒	형은 기타를 잘 칩니다.
いもうとは　いくつですか。 ㉒	여동생은 몇 살입니까?
テレビを　みたり、 ほんを　よんだりします。 ⑬⑲㉓	텔레비전을 보거나, 책을 읽거나 합니다.
りょこうに　いきたいです。 ㉒㉓	여행에(을) 가고 싶습니다.
ここは　カレーが　おいしいです。 ㉒	여기는 카레가 맛있습니다.
たんじょうびは　いつですか。 ㉒	생일은 언제입니까?
きょうでは　なくて　あしたです。 ㉓㉔	오늘이 아니고 내일입니다.
つくりかたを　何(なに)かで　よみました。 ⑩	만드는 법을 무언가에서 읽었습니다.
ごはんを　たべに　いきませんか。 ⑩⑱	밥을 먹으러 가지 않을래요?

쉿!
시험 직전 기출 시크릿 노트

N5 기출 문형 셀프테스트 ⑦

주요 표현을 우리말로 적어 봅시다. *어휘 옆 숫자는 기출 연도입니다.

기출 문형	의미
いぬと　ねこと　どちらが　好(す)きですか。 ⑬㉒	
あには　ギターが　じょうずです。 ㉒	
いもうとは　いくつですか。 ㉒	
テレビを　みたり、 ほんを　よんだりします。 ⑬⑲㉓	
りょこうに　いきたいです。 ㉒㉓	
ここは　カレーが　おいしいです。 ㉒	
たんじょうびは　いつですか。 ㉒	
きょうでは　なくて　あしたです。 ㉓㉔	
つくりかたを　何(なに)かで　よみました。 ⑩	
ごはんを　たべに　いきませんか。 ⑩⑱	

쉿!
시험 직전 기출 시크릿 노트

N5 기출 문형 ❽

✎ 회독체크 ☐ 1회독 ☐ 2회독 ☐ 3회독

*어휘 옆 숫자는 기출 연도입니다.

기출 문형	의미
やすみに　うみか　やまへ　いきたい。 ⑫⑬㉒	휴일에 바다나 산에 가고 싶다.
きのう　みた　えいがが　おもしろかった。 ⑫	어제 본 영화가 재미있었다.
その　パンは　おいしく　ないです。 ㉒	그 빵은 맛있지 않습니다.
カサを　かしましょうか。 ⑯㉑㉒㉔	우산을 빌려 드릴까요?
ちいさい　とき、　にほんに　すんで　いた。 ⑫㉓	어렸을 때 일본에 살았다.
祖父(そふ)は　元気(げんき)でした。 ㉒	조부는 건강했습니다.
かばんの　中(なか)に　ジュースが　あります。 ㉑	가방 안에 주스가 있습니다.
せんせいは　いま　でんわ中(ちゅう)です。 ⑬㉒	선생님은 지금 전화 중입니다.
あしたは　どこへも　いきません。 ㉒	내일은 어디에도 가지 않습니다.
ここに　おかないで　ください。 ⑱㉓	여기에 두지 말아 주세요.

쉿! 시험 직전 기출 시크릿 노트

N5 기출 문형 셀프테스트 ⑧

주요 표현을 우리말로 적어 봅시다. *어휘 옆 숫자는 기출 연도입니다.

기출 문형	의미
やすみに　うみか　やまへ　いきたい。 ⑫⑬㉒	
きのう　みた　えいがが　おもしろかった。 ⑫	
その　パンは　おいしく　ないです。 ㉒	
カサを　かしましょうか。 ⑯㉑㉒㉔	
ちいさい　とき、　にほんに　すんで　いた。 ⑫㉓	
祖父(そふ)は　元気(げんき)でした。 ㉒	
かばんの　中(なか)に　ジュースが　あります。 ㉑	
せんせいは　いま　でんわ中(ちゅう)です。 ⑬㉒	
あしたは　どこへも　いきません。 ㉒	
ここに　おかないで　ください。 ⑱㉓	

쉿! 시험 직전 기출 시크릿 노트

N5 기출 문형 ❾

회독체크 □1회독 □2회독 □3회독

*어휘 옆 숫자는 기출 연도입니다.

기출 문형	의미
まだ　じょうずじゃないです。 ⑫⑱	아직 능숙하지 않습니다.
りんごが　あまくて　おいしいです。 ⑫⑬⑱㉒	사과가 달고 맛있습니다.
いつも　あさ　7時(じ)に　おきる。 ⑬	항상 아침 7시에 일어난다.
りんごを　ひとつ　ください。 ⑱	사과를 하나 주세요.
じょうぶだから、　ながく　つかえる。 ㉑⑱	튼튼하니까 오래 사용할 수 있다.
どうして　バスで　いきますか。 ⑫	왜 버스로 갑니까?
いえの　近(ちか)くに　ある　本屋(ほんや)に　いく。 ⑱	집 근처에 있는 서점에 간다.
プレゼントは　なにが　ほしいですか。 ㉑㉓㉔	선물은 무엇을 갖고 싶습니까?
一日(いちにち)に　一回(いっかい)　さんぽします。 ㉒㉓㉔	하루에 한 번 산책합니다.
としょかんで　しゅくだいを　します。 ⑫	도서관에서 숙제를 합니다.

쉿! 시험 직전 기출 시크릿 노트

N5 기출 문형 셀프테스트 ⑨

주요 표현을 우리말로 적어 봅시다. *어휘 옆 숫자는 기출 연도입니다.

기출 문형	의미
まだ　じょうずじゃないです。 ⑫⑱	
りんごが　あまくて　おいしいです。 ⑫⑬⑱㉒	
いつも　あさ　７時(じ)に　おきる。 ⑬	
りんごを　ひとつ　ください。 ⑱	
じょうぶだから、　ながく　つかえる。 ㉑⑱	
どうして　バスで　いきますか。 ⑫	
いえの　近(ちか)くに　ある　本屋(ほんや)に　いく。 ⑱	
プレゼントは　なにが　ほしいですか。 ㉑㉓㉔	
一日(いちにち)に　一回(いっかい)　さんぽします。 ㉒㉓㉔	
としょかんで　しゅくだいを　します。 ⑫	

쉿! 시험 직전 기출 시크릿 노트

N5 기출 문형 ⑩

회독체크 ☐1회독 ☐2회독 ☐3회독

*어휘 옆 숫자는 기출 연도입니다.

기출 문형	의미
また　あした　⑩	내일 또 봐요!
やまだ　せんせいは　どなたですか。 ⑫	야마다 선생님은 누구십니까?
わたしは　ラーメンに　して　ください。 ⑫	나는 라면으로 해 주세요.
りょこうは　いかがでしたか。 ⑱	여행은 어떠셨습니까?
もしもし、キムともうしますが。 ㉒	여보세요, 김이라고 합니다만(하는데요).
りょこうは　どうでしたか。 ㉓	여행은 어땠습니까?
田中(たなか)さんを　おねがいします。 ⑩⑬㉑	다나카 씨를 부탁드립니다.
こちらに　どうぞ。 ㉒	이쪽으로 와 주세요.
日本(にほん)に　きて　どれぐらいに　なりますか。 ⑰	일본에 와서 어느 정도 되었습니까?
ごはんを　たべないで　いった。 ㉓	밥을 먹지 않고 학교에 갔다.

쉿!

시험 직전 기출 시크릿 노트

N5 기출 문형 셀프테스트 ⑩

주요 표현을 우리말로 적어 봅시다.

*어휘 옆 숫자는 기출 연도입니다.

기출 문형	의미
また　あした　⑩	
やまだ　せんせいは　どなたですか。 ⑫	
わたしは　ラーメンに　して　ください。 ⑫	
りょこうは　いかがでしたか。 ⑱	
もしもし、キムともうしますが。 ㉒	
りょこうは　どうでしたか。 ㉓	
田中(たなか)さんを　おねがいします。 ⑩⑬㉑	
こちらに　どうぞ。 ㉒	
日本(にほん)に　きて　どれぐらいに　なりますか。 ⑰	
ごはんを　たべないで　いった。 ㉓	

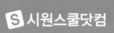